역사저널

그날

고려 편

2

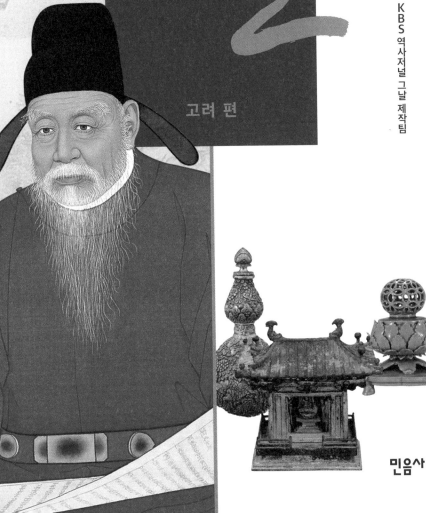

역사저널

그날

고려 편

2

강감찬에서 최충헌까지

KBS 역사저널 그날 제작팀

민음사

고려는 어떤 나라였을까? 조선보다 훨씬 덜 알려져 있고, 더 오래전의 신라보다도 오히려 덜 알려진, 미지의 나라가 아닐까? 하지만 고려는 우리 역사상 두 번째 통일의 경험을 가지고 있으며, 다양성과 개방성이 살아 있어 오늘날 우리가 배울 점이 있는 나라였다. 지방 사람들이 세운 나라였고, 화려한 귀족 문화가 발전한 나라였으며, 불교와 유교가 공존한 나라였고, 넓은 세상과 교류한 나라였다. 그 수명은 조선과 엇비슷한 475년이었다. 이런 고려를 미지의 상태로 남겨 둔다면 우리의 한국사 지식은 불완전할 수밖에 없다.

KBS의 「역사저널 그날」은 2013년 10월에 첫 방송을 시작한 이래 역사적 사건의 계기가 된 '그날'을 얘깃거리 삼아 역사의 재미와 의미를 함께 전달하는 프로그램으로 자리를 잡아 왔다. 그리고 방송의 성공에 힘입어 2016년 한 해 동안 새로운 도전에 나섰다. 고려의 역사를 처음부터 끝까지 다루기로 한 것이다. 시청자들에게 생소한 내용을 방송에서 다룬다는 것이 결코 쉬운 일이 아니었지만, 그해 3월 27일의 제117회 방송에서 시작해 12월 4일의 제149회 방송으로 마무리하면서 고려사를 완주했다. 미지의 역사에 대한 시청자들의 뜨거운 관심, 그리고 한국사 지식의 공백을 메우고자 한 제작팀의 열의가 낳은 결과였다. 그렇게 방송된 내용을 다시 한번 정리하여 네 권의 책으로 내놓게 되었다.

『역사저널 그날』 고려 편의 제2권은 1010년에 일어난 거란의 제2차 침입으로 국왕이 나주로 피난하던 그날에서 1196년에 최충헌이 정권을 잡은 날까지 다룬다. 이 한 권에 11세기와 12세기, 200년의 역사가 담긴 셈이다.

고려의 11세기는 고려 초의 정치적 혼란을 수습하고 안정을 구가하던 시기다. 국왕과 호족의 대립, 왕위를 둘러싼 왕실 내부의 갈등은 현종의 즉위와 함께 종식되었다. 거란의 침략으로 야기된 대외적 위기도 귀주대첩으로 극복하면서 내우외환이 모두 사라졌다. 호족은 점차 퇴장했고, 그를 대신해 새로운 지배 계층이 등장했다. 여러 대에 걸쳐 고위 관직자를 배출하면서 가문의 격을 높이고, 비슷한 가문끼리 결혼하면서 동류의식을 갖게 된 특권층이었다.

이들을 문벌 귀족으로 부른다. 호족의 시대에서 귀족의 시대로 바뀐 것이다.

　소수의 문벌 귀족은 고려의 정치적·사회적 특권을 독점했다. 어찌 보면 독점은 안정의 그림자일 수 있었다. 이 시기에 고려의 모든 제도가 완성되었고, 학문과 예술이 융성했으며, 정치는 안정되었다. 농업을 중심으로 경제가 발전했고, 동북아시아의 평화를 배경으로 무역도 성행했다. 가히 고려의 전성기라 할 만한 시절이었다. 그러나 안정은 정체를 불러왔다. 정점에 이르러 정체된 고려 사회는 독점의 부작용으로 스스로 분열하기 시작했다. 12세기에 일어난 이자겸의 난, 묘청의 난, 무신의 난이 바로 그것이다. 무신의 난이 성공하면서 고려 전기의 문벌 귀족 사회는 붕괴되고 무신의 시대가 시작되었다.

　'거란 재침공: 강감찬, 왕에게 피난을 주장하다'는 거란의 제2차 침입과 제3차 침입을 물리치는 데 성공한 내용으로 꾸몄다. 흔히 전쟁사를 다룰 때 빠지기 쉬운 국난 극복의 시각을 경계하면서 협상을 통한 외교적 해법에 주목했다. 거란과의 전쟁에서 고려가 승리한 사실을 이야기하면서도, 귀주대첩 이후 전쟁을 막기 위한 외교적 노력이 있었음을 강조했다. 거란과의 전쟁을 거친 뒤 문벌 귀족이 등장했고, 귀족 문화가 발달하는 가운데 11세기 100년의 평화가 도래했다. 하지만 평화롭고 안정된 시기에서는 극적인 요소를 찾을 수 없어서였는지, 11세기는 이 한 편으로 마무리하게 되었다. 이 시기에 발전한 고려청자 등 고려의 문화를 소개하지 못한 점이 끝내 아쉬움으로 남는다.

　그다음으로는 12세기를 다루었다. 먼저 '윤관, 여진 정벌의 칼을 갈다'는 윤관의 동북 9성 이야기다. 11세기에 안정되었던 국제 정세가 여진의 등장으로 동요하기 시작했고, 그 여파가 고려에 미쳐 여진과의 전쟁이 시작되었다. 윤관의 여진 정벌과 9성 축조가 이야기의 중심이 되었는데, 그와 더불어 9성을 여진에 돌려준 데 대한 평가를 달리해 보았다. '이자겸, 외손자에게 기습을 당하다'와 '김부식, 묘청의 난 토벌대장이 되다'는 각각 이자겸의 난과 묘청의 난을 다루었다. 과연 이자겸이 난을 일으켜 왕이 되려고 한 것일까? 묘청은 왜 난을 일으켰으며, 묘청의 서경 천도 운동에 대한 신채호의 평가는 정당한 것일까? 여기서는 이자겸의 난은 그 대상인 국왕 인종의 눈으로, 묘청의 난은 그것을 토벌한 김부식의 눈으로 보아 관점을 달리하는 시도를 해 보았다.

　'문신의 씨를 말려라: 무신 정변 3일'과 '무신, 그들만의 리그: 칼로 흥한 자, 칼로 망하다', '빼앗긴 비둘기, 최충헌 정권의 시작을 알리다'는 무신란과 무신 정권을 다루었다. 1170년에 정중부와 이의방, 이고 등이 난을 일으켜 권력을 장악한 때에서 1196년에 최충헌이 정권을 잡을 때까지 무신들 간의 권력 투쟁을 비교적 상세하게 살펴보았다. 이 글을 읽으면서 고려 시대에 무신들이 정권을 잡고 정치를 한 것이 왜 문제가 되는지를 생각해 보기 바란다.

필자는 「역사저널 그날」의 고려 편 방송에 빠짐없이 출연하면서 주제 설정에서부터 구체적인 사실 체크까지, 프로그램을 제작하는 데 많은 정성을 쏟았다. 고려 시대사 연구자로서 고려를 더는 미지의 역사로 남겨 두어서는 안 되겠다는 생각 때문이었다. 채 1년이 못 되는 방송 기간이 고려 시대의 역사를 제대로 전달하기에는 충분치 못했으나, 조선과는 다른 500년의 전통이 있음을 알리는 데는 성공했으리라고 믿는다. 마침 지난 2018년은 고려가 건국된 지 1100년이 되는 해여서 많은 기념행사가 있었다. 이 책의 간행을 계기로 고려사에 대한 관심과 애정이 다시 한번 일어나기를 바란다. 그뿐 아니라 고려가 가지고 있던 다양성과 개방성의 전통을 오늘날 되살릴 수 있으면 더욱 좋겠다고 생각한다.

「역사저널 그날」에 패널로 함께 출연했던 류근, 이윤석, 이해영, 최태성 등 여러분과 최원정 아나운서에게 감사드린다. 이분들 덕분에 낯선 고려의 역사를 친숙하게 전달할 수 있었다. 또한 김종석 책임 피디를 비롯한 황범하, 정병권, 이내규, 최지원, 이승하, 김종서 등 피디들과 김세연, 최지희, 김나경, 한선보, 김서경 등 작가들에게도 감사드린다. 이분들이야말로 이 프로그램의 막후에서 활약한 주인공들이었다. 아울러 「역사저널 그날」 고려 편 방송을 모두 함께하면서 고려와 조선을 놓고 갑론을박하며 이야기의 중심을 잡아 준 신병주 교수에게 특별히 고마움을 전한다. 마지막으로 그 누구보다 「역사저널 그날」을 사랑해 주신 시청자분들께 감사드린다. 그때의 재미와 감동이 이 책을 통해 다시 한번 되살아나기를 기대한다.

서울시립대학교 국사학과 교수

이익주

차례

일러두기

· 이 책의 본문은 KBS 「역사저널 그날」의 방송 영상과 대본, 방송 준비용 각종 자료 등을 바탕으로 하되, 책의 형태에 맞도록 대폭 수정하고 사료나 주석, 그림을 보충하여 구성했다.

· 각 장의 도입부에 있는 '그날을 만나면서'는 이익주(서울시립대학교 국사학과)가 집필했다.

· 본문에서 인용한 사료는 『고려사』와 『고려사절요』 등을 바탕으로 하되, 본문의 맥락에 맞게 일부 축약·수정하였다. 원본 사료는 국사편찬위원회의 '한국사 데이터베이스' 홈페이지(db.history.go.kr)나 한국고전번역원의 '한국 고전 종합 DB'(db.itkc.or.kr) 등을 통해 확인할 수 있다.

· 사료에 표시된 날짜는 해당 문헌에 쓰인 날짜이다. 사료들의 날짜는 주로 양력이 아니라 음력이다.

· 이 책의 61, 74, 84, 103, 115, 138쪽 배경에 사용된 그림은 일러스트레이터 붓질의 작품이며, 133쪽 배경에 사용된 그림은 일러스트레이터 잠산의 작품이다.

1

거란 재침공:
강감찬,
왕에게 피난을
주장하다

고려의 11세기는 정변과 전쟁으로 시작된다. 1009년에 강조가 정변을 일으켜 목종을 폐위하고 현종을 옹립했으며, 1010년에는 강조에 대한 문책을 구실로 거란이 침략해 왔다. 자신들이 고려 왕으로 책봉한 목종을 함부로 폐위한 것을 묵과할 수 없다는 논리였다. 하지만 사실은 993년에 일어난 거란의 제1차 침입 때 성립한 책봉-조공 관계를 고려가 위반하고 송과 왕래한 것을 문제 삼은 것이었다.

거란의 제2차 침입은 황제 성종이 직접 앞장섰다. 거란이 고려와의 관계를 얼마나 중시했는지 엿볼 수 있는 대목이다. 고려 역시 정변 주체이자 최고 권력자인 강조가 군대를 이끌고 방어에 나섰으나 국경 근처에서 패하여 사로잡히고 말았다. 강조는 끝내 거란에 굴복하지 않고 장렬한 죽음을 맞았으나, 강조의 패배로 개경을 수비할 길이 없어졌고, 현종은 강감찬의 건의에 따라 나주로 파천길에 오르게 된다.

국왕의 파천이라고 하면 임진왜란 때 선조의 파천이 얼핏 떠오르지만, 이때 고려는 항전을 계속하는 동시에 적극적인 협상을 통해 전쟁을 끝내기 위해 최선을 다했다. 고려에서 제시한 조건은 거란군이 돌아가면 국왕이 거란에 가서 황제에게 친히 조회하겠다는 것이었다. 강조를 처형한 후 전쟁을 계속할 명분도 사라졌던 터였으므로 거란 성종은 친조를 약속받는 것으로 만족하고 군대를 돌렸다.

거란군은 돌아갔지만, 친조는 이행되지 않았다. 양국의 갈등은 재연되었고, 결국 1018년에 거란의 제3차 침입이 시작되었다. 이때 강감찬이 흥화진과 귀주에서 거란군을 대파함으로써 전쟁은 고려의 승리로 끝났다. 흥화진과 귀주는 모두 강동 6주 가운데 하나였으니, 전날 서희의 외교가 빛을 발했다고 할 수 있다. 한편 고려는 승리에 안주하지 않고 거란의 재침을 막을 방법을 찾았다. 거란에 사신을 보내 책봉-조공 관계의 회복을 먼저 제안했던 것이다. 거란이 이를 받아들이면서 고려와 거란 사이에 평화가 찾아왔고, 고려가 송과 왕래하는 것 또한 인정되었다. 다원적 국제 질서에서 외교를 통한 실리 추구의 모범을 보여준 사례였다.

전쟁을 거치면서 고려 사회에 커다란 변화가 일어났다. 현종이 나주 파천길에서 도움을 준 김은부의 세 딸을 왕비로 들였고, 이로부터 폐쇄적인 왕실 근친혼의 전통이 깨지기 시작했다. 이후 김은부의 안산 김씨는 문벌로 대두했고, 김은부의 처조카인 이자연의 세 딸이 현종의 아들 문종의 왕비가 됨으로써 인주 이씨의 성장이 시작되었다. 고려 초 호족을 대신할 새로운 지배층으로 귀족이 등장했던 것이다.

강조의 죽음도 뜻하지 않은 변화를 가져왔다. 화풍파와 국풍파의 대립이 강조의 돌출 행동으로 승자 없이 끝난 듯 보였지만, 강조의 죽음으로 생긴 권력의 공백 속에서 국왕 현종이 왕권을 회복하고 화풍으로 기울었던 것이다. 마침 현종은 태조에 버금가는 열세 번의 혼인을 통해 왕실을 다시 번성시켰고, 세 아들(덕종과 정종, 문종)이 연이어 왕위에 오른다는 점에서는 태조와 같았다. 이후의 국왕들은 신라 계승 의식을 가지고 있었고, 국초의 고구려 계승 의식은 점차 약화되었다.

한편 거란에 대한 승리는 고려인들에게 자신감을 심어 줬다. 고려인들은 스스로 황제국으로 여겨 황제국의 제도와 격식, 용어 등을 사용했다. 그리고 여진을 황제국에 조공하는 번국으로 간주해 해동의 천하를 완성했다. 하지만 그러면서도 거란의 책봉을 받는다는 사실을 망각하지 않았다. 그래서 대외적으로는 거란의 책봉을 받는 왕국이면서 대내적으로는 황제국이라는 이중적인 자기 인식을 가졌는데, 이를 '외왕내제(外王內帝)'로 부른다. 이러한 이중성을 인정한 것은 (조선과 다른) 고려 특유의 유연함이라고 할 것인데, 그 속에서 고려는 11세기 100년의 평화와 번영을 구가했다.

강감찬, 왕에게 피난을 주장하다

1009년, 강조가 정변을 일으켜
목종을 폐하고 현종을 새 왕으로 세운다.

1년 후 거란의 성종은
신하로서 왕을 폐위한 강조의 죄를 묻겠다며
40만 대군을 이끌고 고려를 침공한다.

통주의 전투에서 승리한 거란군은
강조를 죽이고 수도 개경까지 진격한다.

고려가 위기에 처하자 강감찬이 나서는데……

"폐하, 지금 개경에는
거란군을 막을 군사가 없사옵니다.
부디 분한 마음을 누르시고
몽진을 떠나셔야 하옵니다, 폐하."

영웅 강감찬의 반전

최원정 위기에 처한 고려에 드디어 우리 역사에 길이 남은 영웅, 바로 강감찬이 등장합니다. 그런데 강감찬이 맞서 싸우자고 주장하는 게 아니라 피난을 가자고 주장하네요. 의외의 모습입니다. 이게 뭐죠?

류근 제대로 된 반격 좀 하나 했더니, 몽진이면 도망가자는 거잖아요. 제가 정말 생각하기도 괴로워하는 조선의 선조와 인조처럼 몽진하자는 겁니다.

이해영 다른 사람도 아니고, 강감찬이 이럴 사람이 아니지 않나요?

최원정 우리가 그동안 착각하고 있었던 건 아닌지 살펴볼 필요가 있을 것 같아요.

강감찬은 누구인가?

신병주 강감찬이 피난을 가자고 주장하니까 여러분이 의문을 가지실 수도 있을 것 같습니다. 강감찬은 우리가 익히 아는, 우리 역사 속 위기에서 나라를 구한 3대 명장이잖아요. 을지문덕, 불멸의 이순신, 강감찬. 강감찬은 태어날 때부터 아주 비범한 일화가 있어요. 948년, 그러니까 고려 광종 때 태어나는데, 어느 사신이 지나가다가 별이 떨어지는 걸 본 거예요. 그래서 정말 신기해하면서 "저건 분명히 훌륭한 인물이 태어날 징조다."라고 해서 가 보니까 정말로 거기서 강감찬이 태어났다는 거죠.† 별이 떨어진 그곳이 그 유명한 낙성대고요.

이해영 낙성대라고 하면 다들 대학 이름인 줄 알아요.

최태성 별과 같은 존재인 강감찬에게는 영웅적인 일화가 많이 있어요. 신묘한 재주를 부려 백성들을 괴롭히는 개미와 모기떼, 심지어 호랑이까지 물리쳤다는 이야기도 있습니다. 그리고 어릴 때 아

낙성대 공원에 있는 강감찬 동상

버지와 잔칫집에 갔는데, 그 안에 100년 묵은 여우가 사람으로 변해서 앉아 있는 걸 알아보고 신묘한 재주를 부려 물리쳤다는 이야기도 있습니다. 그런데 이런 영웅적인 면도 보이지만, 그렇지 않은 측면도 있어요. 그 잔칫집에 갈 때 강감찬의 아버지가 "너는 안 왔으면 좋겠다. 그냥 집에 있어라. 너는 너무 못생겼잖아."라고 했답니다.

이익주 설화뿐만이 아니라 『고려사』의 「강감찬 열전」을 보면 강감찬의 외모에 관해 키가 작고 못생겼다고 표현합니다. 『고려사』의 열전은 대개 주인공의 훌륭한 점을 드러내는 경우가 많습니다. 그런데 강감찬의 외모에 관해 안 좋은 표현을 기록해 둘 정도이면, 아마 강감찬이 왜소하고 못생긴 것이 그 당시 사람들에게 다 알려져서 『고려사』의 저자들도 굳이 그것을 감출 필요를 못 느꼈던 게 아닌가 합니다.

최태성 강감찬의 이미지가 많은 사람에게 영웅이에요. 그런데 외모에 관한 언급을 보면 편안하고 친근한 영웅. 엄청난 능력을 갖고 있지만 언제든지 우리와 같이 있는 영웅.

류근 대단한 영웅으로 알려진 강감찬인데, 왕에게 왜 도망가자는 주장을 한 걸까요?

최원정 도대체 왜 이런 얘기를 했는지 당시 어전회의 상황을 보여 드리겠습니다.

> † 세상에 전하기를, "어떤 사신이 밤중에 시흥군(始興郡)으로 들어오다가 큰 별이 인가에 떨어지는 것을 보고서 관리를 보내어 살펴보게 하였더니, 마침 그 집의 부인이 사내아이를 낳았다. 그 사신이 기이하게 여기고는 데리고 개경으로 돌아와 길렀는데, 이 사람이 바로 강감찬이었다."라고 한다. 재상으로 있을 때 송에서 온 사신이 그를 보고 자신도 모르게 절을 올리며 말하기를, "문곡성(文曲星)이 보이지 않은지 오래되었는데, 바로 이곳에 있습니다!"라고 하였다.
> ─ 『고려사』 「강감찬 열전」

강감찬은 왜 피난을 주장했나?

현종 강조 장군이 거란군에 잡혔다는 말인가?

신하 1 그렇사옵니다. 통주는 이미 무너졌고 서경도 함락되기 직전이었습니다.

김신언 폐하, 차라리 항복하시는 것도 하나의 방법이옵니다.

강감찬 폐하, 지금 개경에는 거란군을 막을 군사가 없사옵니다. 만일 폐하께오서 거란군 손에 잡히시면 이 나라의 존망이 흔들리게 되옵니다. 부디 분한 마음을 누르시고 몽진하셔야 하옵니다, 폐하.

신하 2 허나 강조 장군이 잡히고 통주까지 무너졌소이다. 피난을 가더라도 곧 붙잡히고 말 것이오.

강감찬 그렇지 않소이다. 비록 강 장군은 잡혔다고 하나, 아직 양규 장군이 건재하고 흥화진이 함락되지 않았으니, 그들이 곧 적

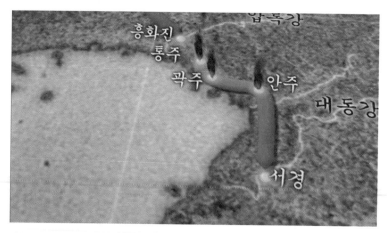

거란의 제2차 침입로

의 배후를 칠 것이옵니다. 하니 일단 몽진하셔서 상황을 살피
셔야 하옵니다, 폐하.

최원신 강조 장군이 무너진 판에 남은 오합지졸들이 뭘 하겠습니까?

최숙 그렇습니다. 그러게 애초에 항복해야 한다 하지 않았습니까?

현종 모두 그만하시오. 짐은 강감찬 공의 말을 따를 것이오. 몽진은
굴욕적인 일이나 양규 장군과 김숙흥 장군, 그리고 남은 고려
군을 믿고 적들을 물리칠 기회를 엿볼 것이오. 모두 몽진 준비
를 서두르시오.

최원정 피난 가자는 의견은 소수였고, 항복하자는 주장이 거의 대세였
네요.

최태성 가장 강력한 군대를 가지고 있던 강조가 패해 죽었잖아요. 이런
상황 속에서 싸운다는 게 쉽지가 않았습니다. 게다가 곽주와 안
북도호부, 숙주가 무너지면서 거란이 침입한 지 한 달 만에 개경
코앞까지 밀고 들어오는 상황이었으니 신하들이 벌벌 떨 수밖에

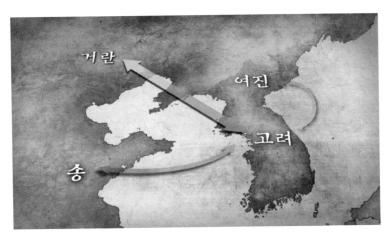

11세기 초 동아시아의 국제 관계

없었죠.

이해영   항복과 몽진을 놓고 보면 항복보다는 도망가는 게 낫긴 한데, 그
래도 강감찬이 저렇게 적극적으로 몽진을 제의했다는 게 아직도
납득이 안 됩니다.

신병주   강감찬이 도망가자고 하는 건 요즘 식으로 표현하면 2보 전진을
위한 1보 후퇴입니다. 작전이라고도 볼 수 있는 거죠. 거란의 기
세가 워낙 강해 우리 군사력으로는 중과부적하니까 일단은 피
하자는 얘기죠. 그리고 여기서 강감찬은 "지금 이 죄는 강조에게
있다. 강조가 잘못한 것이니 이 부분은 근심할 것이 못된다."라
고 지적합니다.

이익주   강감찬은 지난날 서희가 그랬던 것처럼, 거란이 침입한 목적을
정확하게 파악했던 겁니다. 그 당시에 거란이 고려를 공격해 온
것은 거란과 사대 관계를 맺은 후에도 계속 송과 통교하고 여진
과도 통교하는 것을 문제로 삼았기 때문이거든요. 다시 얘기해
서 고려를 멸망시킬 의도까지는 품지 않았다는 겁니다. 따라서

이 전쟁이 한 나라가 망할 때까지 가는 전면전으로 번지지는 않을 것으로 판단한 거죠. 게다가 거란이 고려를 공격한 명분은 강조의 처벌인데, 이미 강조를 사로잡아 죽였으니 더는 전쟁을 길게 끌고 갈 이유도 없었을 것입니다. 따라서 협상을 할 수 있다고 본 것인데, 다만 강조가 정변을 일으켜 옹립한 현종의 입지가 문제가 되겠죠. 거란이 현종도 같이 처벌할 가능성이 있으므로 왕을 안전한 곳으로 대피하게 하는 것이 가장 중요한 일이라고 판단했던 것입니다.

류근 고려는 거란이 원하는 것이 무엇인지 알고 있으니, 일단 왕이 잡히지 않도록 시간을 벌면서 해결책을 찾으면 된다고 전략적으로 판단한 거네요.

최원정 그런데 이상한 게 현종은 여러 신하가 항복하자고 하는데도 홀로 몽진하자고 주장한 강감찬의 말을 들었다는 거예요.

최태성 심지어 『고려사절요』의 기록에 따르면 현종은 그날 밤에 바로 남하합니다.

최원정 강감찬이 당시에 영향력이 대단한 인물이었나 보죠?

이익주 사실 강감찬은 그 이전에는 기록에 그다지 이름을 올리지 못합니다. 강감찬이 과거에 급제해 관직에 오른 것이 성종 초의 일인데, 그때 나이가 서른다섯 살입니다. 장원으로 급제했지만, 고려시대 과거 급제자의 평균 연령이 23.7세 정도이니까, 매우 늦은 시기에 급제한 거죠. 그리고 성종 대와 목종 대까지도 이렇다 할 활약이 없습니다. 강조가 일으킨 정변으로 옹립된 현종으로서는 측근의 자기 세력을 키울 필요가 있었는데, 이때 능력 있는 강감찬 같은 사람이 적격으로 보였을 겁니다.

신병주 강감찬에 관한 기록을 보면 "젊은 시절부터 공부를 좋아하고 기발한 지략이 많았다."라고 되어 있습니다. 현종이 즉위한 직후에

는 예부시랑이 되고, 특히 과거 시험을 주관하는 지공거라는 직
책을 맡아 현종과 호흡을 맞추어 가면서 인재를 발탁하는 일에
힘을 기울이기도 합니다.

이해영 현종이 강감찬의 말을 듣고 도망을 쳤잖아요. 그럼 이제 시간만
끌면 해결되는 거예요?

최원정 아니죠. 뭔가 대책을 강구해야죠. 현종이 피난 중에 거란 진영으
로 사신을 보냅니다.

> † 이날 밤에 왕이 후비 및 이부시랑(吏部侍郎) 채충순 등 금군 50여 인과 더불
> 어 경성을 빠져나갔다.
> ― 『고려사절요』 현종 1년(1010) 12월 28일

하공진, 거란에 화친을 요청하다

하공진 폐하, 저는 고려의 사신으로 온 중랑장 하공진이라 하옵니다.
용서하십시오. 본시 저희 폐하께서 친히 알현하려 하였으나,
이미 남쪽으로 피난을 가신 터라 부득이 제가 대신 이렇게 온
것이옵니다. 군사를 되돌리시면 저희 폐하께오서 곧 사죄를
드리러 올 것이옵니다.

성종 지금 고려 왕은 어디에 있느냐?

하공진 지금쯤 이곳에서 아주 먼 곳으로 가셨을 것이옵니다. 못해도
수십 일은 걸릴 것이옵니다.

최태성 정확한 기록을 보면 하공진은 현종이 '강남'으로 갔다는 표현을
써요. 그러니까 거란 측에서 "강남이 어디냐?"라고 물어봤을 것
아니에요? 그러니까 하공진이 "너무 멀어서 몇만 리가 되는지
알 수가 없습니다."라고 말해요. 그래서 거란이 추격을 그만두고

돌아갔다는 얘기죠.†

신병주   잘 알지 못하는 머나먼 남쪽을 표현할 때 강남이라는 말을 쓰기도 하잖아요. 『흥부전』에 나오는 '강남 간 제비'라는 표현이 대표적이죠.

최원정   말 한마디로 거란을 설득했다는 건 거의 서희급의 외교 수완이네요.

이해영   적진 한복판에 들어가 적과 대면하면서 얘기할 수 있다는 게 대단한 배포 같습니다.

최태성   어디로 갔다고 특정 지명을 말한 것이 아니라 "그냥 멀리 갔습니다."라고 말한 거예요.

이익주   저 장면에서 중요한 것은 강남이 어디인지가 아닙니다. 고려 왕이 직접 알현하러 온다는 대목입니다. 친조(親朝)라고 하는데, 책봉을 받은 왕이 책봉을 해 준 황제를 직접 만나러 가는 것을 뜻합니다. 원칙은 그렇게 해야 하지만, 실제로는 사신을 대신 보내서 조공하게 하죠. 그런데 이때 직접 고려 왕이 거란에 가서 황제를 만나겠다는 약속을 하공진이 한 겁니다. 이 친조 약속을 거란 쪽에서는 침공의 성과로 받아들이고 퇴각하는 거죠. 퇴각할 명분을 얻은 것입니다. 약속을 믿은 거란은 개경을 점령한 지 열흘 만인 1월 11일에 퇴각하기 시작하는데, 다만 하공진은 인질로 데리고 갑니다.

이해영   하공진의 기지가 고려에 시간을 벌어 준 거네요. 하공진이 정말 잘했어요. 시간을 벌면 거란은 물러날 거라는 강감찬의 예측도 맞았고요.

신병주   거란도 겉으로만 기세가 등등했지, 사실은 상당히 피곤한 상황이에요. 초반에 일부 승리를 거두고 강조까지 죽이는 성과도 있었지만, 개경으로 바로 쳐들어오는 바람에 진격로 주변에 있었

거란의 진격로와 고려의 반격

던 여러 성에서 군사력을 갖추고 배후에서 거란을 공격하는 국
면이 됩니다. 그러니 거란으로서도 빨리 화해든 뭐든 해야 하는
상황에 몰려 있었다는 거죠.

최태성　외교에서는 상대방의 패를 읽느냐 못 읽느냐가 중요하거든요.
서희 때도 그랬지만, 고려의 외교 전략이 참 탁월하다는 생각이
들어요. 상황 파악을 정확히 하고 나서 시간을 벌기 위한 명분을
정확히 제공했다는 점에서 하공진이 제2의 서희가 아닐까 하는
생각이 듭니다.

이해영　명분만 쥐어 주면 돌아간다는 걸 알았다는 거죠.

이익주　거란으로서는 시기도 문제가 됩니다. 유목 민족이 농경 지대를
공격할 때는 일정한 패턴이 있습니다. 대체로 음력으로는 7월 정
도, 그러니까 가을에 접어드는 시기에 공격하기 시작해서 다음
의 1월 정도, 즉 봄이 시작할 때쯤 돌아갑니다. 이때가 1월이니
유목 민족인 거란도 돌아갈 필요가 있었죠.

이해영　그야말로 양을 키울 때가 된 거네요. 빨리 돌아가지 않으면 양들

이 굶으니 급해진 겁니다.

최태성 그런데 거란이 약속을 믿고 물러가는데, 고려가 뒤통수를 제대로 칩니다. 후방에서 거란군 수천 명을 죽이고, 끌려가던 고려인들을 구출해 내며, 거란의 군마와 무기를 엄청나게 확보하죠.‡ 그러니 성종이 엄청나게 열을 받을 것 아닙니까?

류근 그러면 거란이 돌아가서 재정비한 뒤에 또다시 쳐들어올 것 아닙니까?

최원정 그러니까요. 너무 위험한 세 아니기 싫은데요. 이야기를 듣는 것만으로도 조마조마해요. 그나저나 이렇게 하공진이 나서서 강화를 맺고 거란군을 돌려보냈는데, 그동안 피난을 간 현종은 무엇을 했나요?

> † 거란 측에서 묻기를, "국왕은 어디 계시냐?"라고 하니, (하공진이) 대답하여 말하기를, "지금 강남으로 가고 계시는데, 계신 곳을 알지 못한다."라고 하였다. 또 (거란에서) 묻기를, "강남이 먼가? 가까운가?"라고 하니, (하공진이) 대답하여 말하기를, "강남은 너무 멀어서 몇 만 리 인지 알 수 없다."라고 하니, 추격하던 거란 군대가 돌아갔다.
> ─「고려사」「하공진 열전」

> ‡ 귀주(龜州) 별장(別將) 김숙흥이 중랑장(中郞將) 보량과 함께 거란군을 습격하여 1만여 급(級)을 베었다. 양규는 거란군을 무로대(無老代)에서 습격하여 2000여 급을 베었으며, 포로가 되었던 남녀 3000여 명을 되찾았다. 다시 이수(梨樹)에서 전투를 벌이고 추격하여 석령(石嶺)까지 가서 2500여 급을 베었고, 포로가 되었던 1000여 명을 되찾았다. 3일 후에는 다시 여리참(余里站)에서 싸워 1000여 급을 베었고, 포로가 되었던 1000여 명을 되찾았다. 이 날 세 번을 싸워서 모두 이겼고, 다시 그들 선봉을 애전(艾田)에서 맞아 싸워 1000여 급을 베었다.
> ─「고려사」「양규 열전」

현종의 피난길

신병주 현종이 강감찬의 주장을 받아들이자마자 몽진을 떠났다고 했잖아요. 우리가 선조나 인조만 몽진한 것으로 알았는데, 불명예스

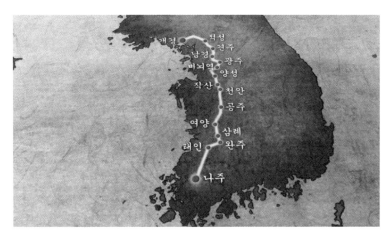

현종의 피난길

럽게도 현종이 몽진 원조가 되어 버린 거죠. 고려 시대 제1호 몽진입니다. 피난 가는 경로를 보면 수도인 개경에서 경기도 광주쪽으로 가서 지금의 평택인 양성을 지나 천안, 공주, 삼례, 완주를 거쳐 최종 목적지인 나주에 도달합니다. 선조가 서북쪽 끝인 의주로 갔다면, 현종은 서남쪽 끝인 나주까지 간 거죠. 하공진을 거란 진영에 사신으로 보냈지만, 상황을 신속하게 전달받을 수 없는 상황이니 일단 빠르게 내려간 겁니다. 신료들과 함께 겨우 군사 50여 명의 호위를 받으며 결행한 남행이었습니다.

류근 지나온 경로를 살펴보니 현종의 고초가 느껴집니다.

이익주 실제로 현종의 몽진은 대단히 고생스러웠습니다. 왕이 먹을 것이나 묵을 곳을 구하지 못해 곤란을 겪고, 심지어는 지방 사람들에게 공격당하기까지 해서 아주 어렵게 나주까지 갑니다.[†] 여기서 우리가 두 가지를 생각해 볼 수 있습니다. 하나는 현종이 정변으로 왕이 된 다음에 왕 노릇을 제대로 해 볼 사이도 없이 몽진했다는 것이죠. 따라서 왕으로서 현종의 권위가 아직 지방 사회에서 받아들여지지 않은 시점입니다. 또 하나는 고려가 아무리 지방 세력을 흡수하고 통치하려 했어도 중앙 조정의 통치력이 지방에 아직 미치지 못하던 시점이라는 것이죠.

류근 현종이 천추태후의 조카 대량원군이잖아요. 어린 시절에는 이모인 천추태후의 살해 위협에 시달리다가 정말 어렵게 왕위에 올랐더니 이번에는 전쟁이 난 거예요. 정말 쉽지 않은 운명이에요.

이해영 위기 상황에 대처하는 본능이 생겼을 수도 있을 것 같아요. 그리고 오히려 전화위복의 계기로 삼아서 대부분의 사람이 등을 돌리고 있을 때 누가 자기에게 진짜로 충성하는지, 제대로 된 신하는 누구인지 볼 기회가 되지 않았을까 합니다.

신병주 위기의 시기가 되면 누가 진정한 충신인지 간신인지 알아볼 수 있죠. 일단 끝까지 호종한 신하들은 확실히 현종에게 충성한 사람들입니다. 특히 지방관 중에서 두드러진 인물로는 공주의 절도사 김은부가 있는데, 백성들을 이끌고 나와 영접해 현종을 놀라게 해요. 옷과 특산물도 바치고, 거기에다 밑에서 일하는 아전들이 도망가는 바람에 현종이 피난하면서 제대로 밥도 못 챙겨 먹었는데 정식으로 수라상까지 바치니 현종으로서는 김은부를 꼭 기억할 수밖에 없죠.‡

† 밤중에 적도들이 다시 오니 시종하던 신하와 환관, 궁녀[嬪御]들은 모두 도망쳐 숨고 오직 현덕 왕후와 대명 왕후, 시녀 2인, 승지(承旨) 양협과 충필 등만 시종했다.
— 『고려사』 「지채문 열전」

‡ 왕이 파산역(巴山驛)에 도착했는데, 역리(驛吏)가 모두 달아나 버려서 어주(御廚)에 음식이 갖추어져 있지 않자 김은부가 또 음식[膳羞]을 올리며 아침저녁으로 정성껏 받들었다.
— 『고려사』 「김은부 열전」

김은부의 딸을 왕후로 맞이하다

거란군이 물러나자 개경으로 돌아가는 현종.

"돌아가는 길에 신세를 좀 져야겠네."

피난길에 극진한 대접을 받았던
공주 절도사 김은부의 집을 다시 찾는다.

"폐하, 목욕 준비를 해 두었사옵니다.
하옵고 아버님께서 폐하의 시중을 들라
명을 내리셨사옵니다."

그날 밤 현종과 연을 맺은 김은부의 큰딸이
바로 현종의 제3왕후가 되는 원성왕후다.

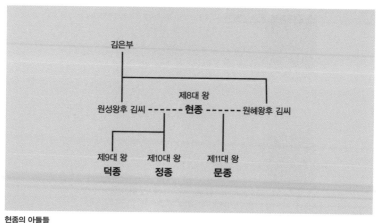

현종의 아들들

몽진에서 돌아오는 길에 혼인한 현종

최태성 김은부에게는 원성왕후 말고도 두 딸이 더 있었거든요. 훗날 그
딸들도 모두 아내로 맞이합니다. 현종이 제8대 왕인데, 김은부의
첫째 딸이 제9대 왕 덕종과 제10대 왕 정종을 낳고, 둘째 딸이 제
11대 왕 문종을 낳습니다. 고려사에서 매우 중요한 의미가 있는
데, 이전까지는 족내혼이 주를 이루었다면 이 시점부터 다른 성
과 결혼하는 일이 본격적으로 시작됩니다.

이익주 현종이 궁으로 돌아가는 길에 한 결혼은 아주 고도의 정치적인
행위입니다. 앞서 태조 왕건이 스물아홉 명의 아내를 두었다고
했는데, 그때의 혼인도 지방 호족들의 도움을 얻기 위한 것이었
죠. 현종도 김은부의 딸을 비롯해 모두 열세 명의 아내가 있습니
다. 그중에서 상당수가 지방 세력가들의 딸이라는 점에서 왕건
의 혼인과 유사하고요. 현종이 대량원군이던 시절에 태조의 얼
마 남지 않은 혈육이라는 말을 듣지 않았습니까?† 그런데 이렇
게 현종에게서 고려 왕실이 다시 번성합니다. 어찌 보면 고려의
중흥주가 되는 거죠.

비둘기를 날리는 노아 기독교에서는 대홍수 이후 살아남은 노아의 가족들을 인류의 시조로 여긴다.

류근 고려 역사에서 현종이 『구약성경』[1]에 나오는 노아[2]의 역할을 한 거네요.

> † 왕이 말하기를, "짐의 병이 점차 위독해져서 곧 죽으면 태조의 후손은 오직 대량원군만이 남는다. 경은 최항과 더불어 평소 충성과 절의가 있으니, 마땅히 마음을 다하여 바로잡고 보필함으로써 사직이 다른 성씨에게 돌아가지 않게 해야 할 것이다."라고 하였다.
> ─ 『고려사절요』 목종 12년(1009) 1월 16일

산전수전을 다 겪은 왕 현종

이해영 어렸을 때 동굴에 숨은 일에서 시작해 기나긴 몽진에 이르기까지 현종처럼 궁궐 밖에서 많은 경험을 한 왕이 그다지 흔치 않을

것 같아요.

최태성   현종이 몽진을 끝내면서 이런 말을 해요. "내가 스스로 외람되게 왕위를 계승하여 어렵고 위태로운 상황을 두루 겪었으며, 밤낮으로 부끄러움과 다투며 허물에서 벗어날 것을 생각하므로 그대들은 나의 부족한 점을 힘써 도와주고 면전에서만 순종함은 없게 하라." 매우 멋진 말을 하죠. 나 고생 많이 했으니까, 나 알 것 다 아니까 내가 좋은 왕으로 성장할 수 있게 좀 도와 달라는 이야기를 한 겁니다. 그리고 자기를 도와줬거나 호종했던 사람들에게는 확실하게 보상하고, 도망가거나 패했던 사람들에게는 확실하게 벌주면서 전후 처리를 깔끔하게 합니다.

류근   그러면 강감찬은 언제 나오나요?

신병주   강감찬이 현종을 호종했을 가능성이 커 보이기는 하는데, 기록에 강감찬의 행적은 보이지 않습니다. 뒷날 현종은 강감찬의 건의를 따라 몽진했던 사실을 대단히 높이 평가합니다. 그래서 거란의 제2차 침입이 있던 1010년인 "경술년에 강 공의 말을 듣지 않았더라면 지금 우리는 전부 오랑캐가 되어 있을 것이다."라고 말합니다.

이해영   강감찬이 몽진을 제의한 바로 그날에 현종이 떠난 것을 보면, 강감찬이 믿을 만한 신하이자 참모로서 역할을 제대로 하면서 국정을 운영하는 동반자로서의 관계가 공고해지지 않았을까 하는 생각이 드네요.

인질로 끌려간 하공진

최원정   거란과의 싸움에서 우리가 서희와 강감찬만 기억해서는 안 될 것 같아요. 하공진의 언변과 외교가 아니었다면 거란에 항복했거나 짓밟혔을 텐데, 하공진은 거란에 끌려간 이후 어떻게 되었나요?

최태성   거란의 성종이 하공진에게 정말 잘 대해 줍니다. 연경에 머무르게 해 주고, 양갓집 규수와 결혼도 하게 해 주니까 하공진도 순종적 태도로 잘 적응하는 듯 했는데, 이게 다 연기였죠. 하공진은 끊임없이 거란을 탈출하려고 모색하면서 치밀하게 준비해 놓습니다. 좋은 말을 많이 사서 고려로 돌아가는 길목 곳곳에 배치해 놓고 탈출할 날만 기다리는데, 이 사실을 어떤 사람이 성종에게 일러바친 거예요. 그래서 하공진이 국문을 받습니다. 그 과정에서 하공진이 자기 속내를 드러내는데, 이렇게 이야기합니다. "제가 우리나라에 대해 감히 두 마음을 가질 수는 없습니다. 죄는 만 번 죽어도 마땅합니다만, 살아서 대국을 섬기기를 원치 않습니다." 전 이 문장을 보면서 '우리가 왜 하공진이라는 사람을 모르고 있었을까?'라고 생각했고요.

최원정   강조도 그렇고 하공진도 그렇고 아주 기개들이 넘치네요. 죽임을 당할 수도 있는데 적진에서 이런 이야기를 했다는 거잖아요. 무사할 수는 없었겠죠? 최후가 어떻게 되나요?

신병주   처음에는 거란의 성종도 감동해요. 이런 인물이면 우리 편으로 만들어야겠다고 판단해서 우대해 줄 테니 거란을 섬기라고 하는데, 하공진이 강경한 태도로 계속해서 끝까지 성종의 권유를 거절하니까 성종도 화나는 거죠. 절대 변절하지 않을 것 같으니까 기록을 보면 "하공진을 죽이고 심장과 간을 빼내어 먹었다."라고 되어 있습니다.

류근   실제로 간과 심장을 꺼내 먹었는지는 몰라도 그만큼 성종의 분노가 하늘을 찔렀다는 뜻이겠죠. 생각해 보면 성종이 그럴 법도 한 게, 하공진 때문에 속아서 물러난 거잖아요.

거란 성종의 분노

최태성   전쟁이 끝난 후에 하공진이 약속한 대로 성종은 현종이 친조할 것을 요구합니다. 고려의 반응은 어땠을까요?

이해영   지키기 어려운 약속이잖아요. 현종이 어떻게 했어요?

최태성   현종이 이런 반응을 보이죠. "미안합니다. 몸이 아파서."

이익주   친조는 고려로서는 절대로 지킬 수 없는 약속입니다. 국왕이 친조했다가 사로잡히면 상황이 아주 위태로워지거든요.

류근   몽진한 보람이 없어지는 거잖아요.

이익주   그래서 친조를 하겠다는 약속은 거란군을 돌아가게 하기 위한 전략일 뿐인 거죠. 명분을 주기 위한 것이었지 실제로 친조할 생각이 있었던 것은 아닙니다. 더군다나 고려는 거란군이 돌아간 다음에 거란과 애초에 한 약속을 깨고 송과 다시 교류를 시작합니다. 그러니까 어떤 상황에서도 거란에만 종속되어서는 안 된다는 생각을 철저하게 했던 것이죠.

최태성   마침내 거란 성종은 폭발합니다. 저였어도 폭발할 것 같아요. 결국 강동 6주를 돌려 달라면서 통주와 홍화진을 공격합니다. 그런데 아이러니하게도 이 강동 6주 때문에 거란은 계속해서 패배를 맛봅니다. 반면에 강동 6주라는 든든한 보호막을 둔 고려는 계속해서 힘을 축적해 나가요. 그러면서 서서히 거란을 상대로 강경 노선을 보여 주기 시작해서 심지어는 거란의 사신을 억류하기까지 합니다. 1016년에는 송의 연호를 다시 쓰고요.

이해영   우리 편이니 망정이지, 거란 입장에서 보면 얄밉겠어요. 고려가 이렇게 민첩하게 실리를 좇는다는 게 인상적이네요.

류근   어떻게든 실리에 가치를 둔 거죠. 어쨌든 고려는 얻을 것은 계속 얻어 내는 셈이에요. 이런 유연한 자세를 조선이 조금만 모방했으면 어땠을까 하는 아쉬움이 남습니다.

신병주　조선 나름대로의 논리는 강한 나라에 적절히 사대 외교를 해서 얻을 건 얻자는 방식이었는데, 문제는 조선 후기로 갈수록 너무 지나치게 되어 버렸다는 것이죠. 너무 한 나라에만 밀착했어요. 명이 힘이 있을 때는 문제가 안 되었는데, 힘이 떨어져 거의 종이호랑이가 된 뒤에도 그랬다는 게 안타깝죠.

최원정　고려가 이렇게 약을 올리는데 거란은 더 강하게 나오지 않을지 걱정되네요.

거란 재침공!

이광용　긴급 속보입니다! 1018년 12월! 거란군의 제3차 침입! 박금수 박사님, 거란군의 전력이 어떻습니까?

박금수　이번에는 성종이 직접 오지는 않았지만, 대신에 장수 소배압을 보냈습니다. 병사 수는 10만이고, 이들을 이끄는 소배압은 제1차 침입 때 서희와의 담판으로 잘 알려진 소손녕의 형입니다. 그리고 제2차 침입 때는 성종을 따라 개경까지 왔던 경험이 있습니다.

류근　고려에 관해 상당히 잘 아는 인물이겠네요. 만만치 않은 전쟁이 될 것 같은데요.

박금수　그렇지 않습니다. 고려가 달라졌기 때문인데요. 거란이 이렇게 나올 것을 예상하고 오랫동안 준비했습니다. 20만 8000여 명의 출정군을 편성했는데요. 우리 고려군을 이끄는 인물이 누구냐면 바로 강감찬입니다!

이광용　강감찬은 어떻게 준비하고 있습니까?

박금수　거란군이 기존에 쳐들어왔던 경로가 있습니다. 흥화진과 통주 등에서 안주를 거쳐 서경으로 들어오는 길이죠. 강감찬은 거란군이 이 경로로 올 것을 예상하고 여기에 강력한 방어벽을 세웠습니다. 그리고 아마도 첫 전투는 흥화진에서 벌어질 가능성이 큽니다. 강을 건너고 나서 만나는 첫 관문이기 때문입니다.

이광용   앗, 방금 새로운 소식이 들어왔습니다. 흥화진에서 강감찬이 큰 승리를 거뒀다고 합니다! 흥화진이라고 하면 매번 전투가 벌어졌던 곳인데, 이번에는 평소와 조금 다른 싸움이 있었다고 합니다. 대체 무슨 일이 있었을까요?

박금수   흥화진 전투에서 강감찬에게는 소가죽과 동아줄이라는 두 가지 강력한 무기가 있었습니다. 흥화진 근처를 흐르는 삼교천의 지형이 좁아지는 곳에 소가죽과 질긴 밧줄을 꿰어 수압에도 버티는 둑을 만들어서 물을 막은 것이죠. 물이 조금씩은 샜겠지만, 오히려 그래야 적군이 의심하지 않습니다. 걸어서 건널 수 있을 정도의 물로 보겠죠. 그리고 거란군이 삼삼오오 지나갈 때 갑자기 일시에 둑을 터뜨려 거란군이 물살에 휩쓸리고 혼비백산한 사이에 공격해 거의 몰살시킵니다. 일반적으로 이렇게 물을 이용한 공격법을 '수공'이라고 하죠. 『오자』[3]에서는 적군이 강을 반쯤 건너갔을 때 공격하라고 합니다. 물 때문에 군대가 반으로 나누어지므로 각개격파를 할 수 있습니다.

이해영   근데 가죽을 밧줄로 꼬아서 둑까지 만들려면 일단 소부터 잡아야 하잖아요. 엄청나게 긴 공정인데, 거란군의 침입을 미리 다 예측하고 차근차근 하나하나 준비했다는 얘기겠죠?

박금수   강감찬이 그만큼 오랫동안 철저히 거란군의 공격에 대비했다는 증거일 수 있습니다. 강감찬은 이때 삼교천에 기병 1만 2000기를 매복하게 했다고 하는데, 거란군이 흥화진성을 공격하지 않고 지나갈 것에 대비해 준비했던 것이죠. 아마도 강 감찬은 거란군의 공격 경로를 다양한 시나리오로 상정하고 주요한 지점마다 20만 대군을 이용해서 다양하게 준비했을 것으로 보입니다.

이광용   초반부터 강감찬이 큰 승리를 거뒀다는 소식을 기분 좋게 전해 드리면서, 계속해서 새로운 소식이 들어오는 대로 또 돌아오겠습니다.

달라진 고려군

최태성   많은 분이 모르실 텐데, 이 흥화진 전투가 기록상 수공의 원조입니다. 우리가 일반적으로 아는 수공이라고 하면 을지문덕의 살수대첩을 떠올리잖아요. 그런데 을지문덕의 살수대첩 이야기는 일제강점기 때 신채호[4]가 쓴 『조선 상고사』[5]에 나오는 기록이에요. 옛 기록에는 수공에 관한 언급이 없습니다. 그런데 이 흥화진 전투의 수공은 당대의 기록에 나오죠.

신병주   그러나 거란도 만만치는 않았습니다. 흥화진 전투에서 일격을 당했지만, 10만 대군 이상을 이끌고 왔으니까 남은 병력들로 핵심인 왕만 잡으면 되거든요. 그래서 거란군이 비록 타격은 입었지만, 계속 개경으로 진격해 나가는 상황이었습니다.

최태성   강감찬이 지키는 성들을 계속 피해서 남진하는 상황이죠. 결국 이듬해 정월, 개경에서 겨우 100여 리 떨어진 황해도 신은현까지 진출합니다. 고려는 이때도 거란에 대비해서 청야 전술을 씁니다. 왜냐하면 거란은 식량을 충분히 가지고 내려오지 않은 상황이었거든요. 거란으로서는 주어진 시간이 그리 많지 않은 상황이 전개되었습니다.

최원정   근데 수도가 불안불안하네요. 상황이 어떻게 진행되는 걸까요?

금교역에서 회군하는 거란군

강감찬의 귀주대첩

이광용 걱정하지 마십시오. 저희가 지금 두 달 가까이 전장 주변에서 대기하면서 소식을 계속 받고 있는데, 고려의 수도 개경은 안전합니다.

박금수 거란군은 끝내 수도인 개경에는 이르지 못했습니다. 개경 근처의 금교역에서 벌어진 전투에서 패배하면서 회군하기 시작하죠.† 도저히 안 되겠다 싶으니까 회군하는 것인데, 강감찬은 퇴각하는 거란군을 끝까지 쫓아가 전투를 벌이고 있다고 합니다.

이광용 어디에서 전투가 벌어지나요?

박금수 바로 그 유명한 귀주입니다. 귀주성은 남쪽과 서쪽, 북쪽 모두가 경사져 있거나 통과하기 어려운 부분이 있어요. 하지만 동쪽은 평지와 연결돼 있는데, 바로 이곳 평야에서 거란군과 전투를 벌인다고 합니다. 기병을 주로 운용하는 거란군에 매우

귀주성 일대의 지형

유리한 상황이죠.

이광용 아, 지금 고려군과 거란군이 팽팽한 접전을 벌이는 상황입니다. 좀처럼 승부가 나지 않는데요. 과연 승리의 여신이 누구의 손을 들어 줄 것인지 궁금합니다.

박금수 아, 승리의 여신은 고려 편인 것 같습니다. 한겨울에 남풍이, 남쪽에서 바람이 불어오고 있어요.

이광용 와, 정말 엄청난 바람이 부는데요. 그런데 남풍이 고려군에 왜 유리한 건가요?

박금수 기록에 따르면 이때 분 남풍이 거란군에는 맞바람이었다고 합니다. 그 당시에 전투를 벌이는데 맞바람이 불면 기병과 궁병은 엄청나게 불리한 상황에 처하죠. 눈이 잘 안 보입니다. 게다가 바람 소리가 귀를 스쳐 지나가니까 지휘관의 명령을 잘 들을 수가 없어요. 특히 궁병은 활을 당겨 쏴야 하는데 바람 때문에 조준이 잘 안 됩니다. 쏘더라도 화살이 날아가면서 바람의 저항을 받아 화살의 위력이 매우 떨어지는 결과를 초래하고요.

류근 야구에서도 홈런성 타구가 역풍이 불면 뜬공이 되어서 바로
아웃돼요.

최태성 화살을 쐈는데 얼마 못 가 바닥에 떨어지면 기운이 빠지죠.

이광용 오! 마침 남쪽에서 고려 지원군이 도착했다고 합니다!

박금수 됐습니다! 이제 다 이긴 전투입니다. 지원군이 바람을 업고
오는데 얼마나 강력하겠습니까?‡ 강감찬은 이 바람을 예견하
고 지원군이 도착할 시점을 계산해 한꺼번에 몰아치는 전략
을 수립한 겁니다. 중국의 적벽대전에서도 바람의 방향이 바
뀐다는 것을 미리 알고 기다리다가 화공 전술을 썼죠. 전쟁을
지휘하는 장군은 천시(天時), 지리(地利), 인화(人和)를 중시
해야 한다고 합니다. 이 전투에서 지리는 지형을 파악하는 것
이고 인화는 부대원들을 단결시키는 것이라면 날씨의 변화를
읽는 것은 천시에 해당하죠.

이광용 그렇군요. 어쨌든 거란의 제3차 침입은 고려의 대승으로 마무
리됐습니다. 우리는 이 전투를 '귀주대첩'으로 부르기로 하겠
습니다.

† 소손녕이 보낸 야율호덕이 서신을 가지고 통덕문(通德門)에 이르러 군대를 돌
리겠다고 아뢰었다. 몰래 정찰 기병 300여 명을 보내 금교역(金郊驛)에 이르렀
는데, 우리가 보낸 군사 100명이 밤을 틈타 엄습해 죽였다.
─ 『고려사』 「세가」 현종 10년(1019) 1월 3일

‡ 김종현이 군사를 인솔해 그곳에 이르니, 갑자기 비바람이 남쪽에서 불어와서
깃발이 북쪽을 가리켰다. 아군이 그 기세를 타고 용기백배해 격렬히 공격하니,
거란 군사들이 북으로 도망치기 시작했다.
─ 『고려사』 「강감찬 열전」

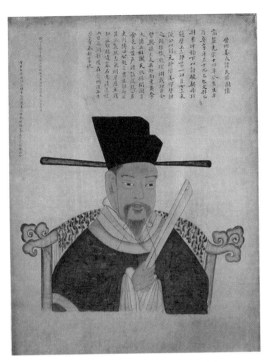

강민첨 초상 거란의 제3차 침입 당시에 부원수로서 강감찬과 함께
귀주대첩의 승리를 이끌었다.

강감찬, 귀주대첩에서 승리하다

최원정 바람의 방향을 읽는 쪽이 전쟁에서 승리한다는 것을 귀주대첩에
　　　서 보여 주네요.

최태성 귀주대첩은 그야말로 고려의 완벽한 승리였습니다. 이런 기록이
　　　있어요. "시체가 들을 덮었으며 사로잡은 포로와 노획한 말과 낙
　　　타, 갑옷, 병장기를 다 셀 수 없을 지경이었다. 살아서 돌아간 자
　　　가 겨우 수천 명이었으니 거란이 이토록 참혹하게 패배한 것은
　　　전례가 없었다." 그리고 이렇게 참패를 당하자 거란의 성종이 노
　　　발대발하며 지휘관 소배압에게 다음과 같이 이야기합니다. "너
　　　의 자만으로 적진으로 깊이 들어가 패배했으니 낯가죽을 벗겨

죽여 버리겠다."

류근 성종은 하공진의 심장과 간을 꺼내 먹었다고 하더니, 소배압은 낯가죽을 벗겨서 죽이겠다고 하네요. 정말 과격한 사람입니다. 아무튼 지난 제2차 침입 때와는 양상이 많이 달라졌잖아요. 이제 거란도 더는 고려에 함부로 집적대긴 어려워질 것 같은데요?

신병주 결과적으로 보면 거란의 제1차 침입이 993년에 시작되고 제3차 침입이 1019년에 끝나니까 고려가 상당히 시달린 거죠. 26년간 대규모 전투만 해도 세 번 있었고 국지전도 계속되었는데, 이런 오랜 전쟁을 종식한 전투가 귀주대첩입니다. 또 하나 감동적인 것은 이때 강감찬의 나이가 일흔두 살이었어요.

이해영 과거에 급제했을 때 30대였다는 얘기를 듣고서 당연히 나이가 많겠지 생각했는데, 일흔이 넘었었군요.

류근 요즘으로 치면 실버 세대입니다.

최원정 노익장을 과시한다는 게 딱 이런 거예요.

강감찬의 개선

1019년 2월, 강감찬이 돌아왔다.

귀주대첩에서 거란에 대승을 거두고
30년 가까이 이어진 전쟁을 끝낸 것이다.

현종은 친히 나가 강감찬을 영접하고
성대한 잔치를 베풀어 공을 치하한다.

그리고 금으로 만든 꽃 여덟 가지를
강감찬의 머리에 손수 꽂아 준다.

이후 강감찬은 현종을 도와
고려 100년 평화의 기틀을 잡는다.

귀주대첩의 승리가 지닌 의미

최원정 괜히 걱정했어요. 예전에 선조가 이순신을 홀대했던 일을 생각하고 혹시나 했는데, 성대히 영웅 대접을 해 줬네요.

신병주 고려의 현종과 조선의 선조는 몽진한 걸로는 동기이지만, 다른 면모를 보이죠. 『고려사절요』에서는 이때 현종이 강감찬을 얼마나 환대했는지 보여 줍니다. "왼손으로는 손을 잡고 오른손으로는 잔을 잡아서 위로하고 칭찬하기를 그치지 않았다." 감격스러운 장면이죠.

최태성 선조가 이순신을 이렇게 대접해 줬어야 하는데, 정말 대조적이네요. 현종은 공을 세웠던 9472명 모두에게 벼슬과 품계를 주고, 전몰자는 끝까지 추적해 그 집안에 물적인 지원도 해 줍니다. 또한 피해를 본 지역은 우대해 주면서 전후 처리를 깔끔하게 하고 새로운 고려를 만들어 나갈 준비를 하죠.

류근 선조는 이순신을 깎아 내리고 자기를 호종한 공신들만 우대했잖아요. 너무나 다르지 않습니까? 이게 어떻게 된 겁니까?

이해영 다른 모든 신하가 항복을 이야기할 때 유일하게 몽진을 이야기한 신하, 그리고 그 단 한 명의 전략과 전술을 믿고 지지해 주며 끝까지 따라준 왕이 시너지를 잘 만들어 낸 것 같습니다.

류근 제가 처음에는 몽진이라는 말만 듣고 경기를 일으켰는데, 이야기를 나누어 보니까 선조의 몽진과는 본질적으로 달라요. 선조의 몽진이 지극히 보신적 도망이었다고 한다면 현종의 몽진은 강감찬이 사태를 분석해 선택한 전략적 결단이었잖아요. 어떤 문제의 본질과 현상을 제대로 파악해서 그에 걸맞은 대안을 사유해 내는 능력을 강감찬이 보여 준 건데, 이래서 인문학적 교양이 필요한 거예요.

이익주 전쟁은 승리했다고 끝나는 것이 아닙니다. 전쟁에 승리한 다음

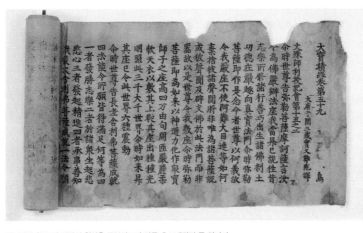

대보적경 현종 때 거란의 침입을 극복하고자 만든 초조대장경 중 하나다.

이 중요하죠. 먼저 어떻게 하면 거란의 재침을 막을 것인지가 중요하고, 거란과 송이 대립하는 상황에서 고려의 주도권을 어떻게 확보할 것인지도 중요하죠. 그래서 고려는 귀주대첩에서 승리한 다음에 바로 거란과의 사대 관계를 복원합니다. 하지만 고려가 주도하는 사대 관계이기 때문에 고려는 자유롭게 송과 교류할 수 있게 됩니다. 고려의 이런 균형추 역할 때문에 고려와 송, 거란 사이에 균형이 맞춰지고 동북아시아에 평화가 옵니다. 고려만의 평화가 아니라고 평가할 수 있죠. 그런데 또 한 가지 재밌는 점이 있습니다. 고려가 거란과 싸워 이긴 것을 본 송에서는 함께 거란을 공격하자고 고려에 제안해 옵니다. 고려를 이용해 거란을 제압하려는 이러한 송의 정책을 '연려제요(聯麗制遼)'라고 하는데, 고려는 일언지하에 거절합니다.

류근　실리가 없다는 거죠?

이익주　그렇습니다. 어느 쪽에도 기울지 않고 균형추의 역할을 충실히 하면서 동북아시아의 평화를 지키겠다는 정책입니다. 이런 상황

칠곡 정도사지 오층석탑 현종 22년(1031)에 건립된 탑으로, 국가의 안녕을 빌고자 건립되었다는 명문이 음각되어 있다.

을 고려가 주도적으로 만들어 나가면서 그 이전에 고려가 가지
고 있었던 외왕내제 의식, 즉 내부적으로는 스스로 황제국으로
여기는 생각이 점점 더 강화됩니다.

2

윤관,
여진 정벌의
칼을 갈다

11세기에 고려와 거란, 송을 중심으로 유지되던 평화는 12세기 초부터 흔들리기 시작했다. 거란 치하에 있던 여진이 급속하게 세력을 확장하여 나라를 세우고 주변 국가들을 공격했기 때문이다. 여진이 금을 건국한 것이 1115년, 거란을 멸망시킨 것이 1125년, 송을 멸망시킨 것이 1126년이니 그 성장 속도가 얼마나 빨랐는지 알 수 있다. 고려도 당연히 그 소용돌이에 휩싸이게 되는데, 고려가 여진과 충돌한 것은 금이 아직 건국되기 전이었다.

여진 부족 사이에서 통합의 기운이 일어나면서 고려의 동북쪽 국경 밖에 살던 여진족이 다른 부족에 쫓겨 고려로 침입해 들어오게 된다. 이때가 1104년으로, 거란의 제3차 침입 이후 86년 만의 외침이었으니, 전쟁 초기에 고려가 패배한 것은 어찌 보면 당연한 일이라고도 할 수 있다. 하지만 고려는 곧 전열을 정비했다. 제1차 여진 정벌의 패인을 기병의 부재에서 찾았고, 곧 기병을 대폭 강화한 별무반을 창설했다. 제1차 정벌의 패장이던 윤관의 제의를 수용한 결과였다.

기병(신기군)과 보병(신보군), 승병(항마군)까지 포함된 고려군의 병력은 무려 17만 명에 달했다. 고려는 불과 3년 만에 이러한 대군을 동원했으니, 고려의 저력이 느껴지지 않을 수 없다. 그리고 윤관의 지휘하에 대대적인 공격을 시작하여 동북쪽 국경 너머로 여진 영토를 점령했고, 그곳에 아홉 개의 성을 쌓았다. 이른바 '동북 9성'이 그것이다.

9성의 위치에 관해서는 아직도 학설이 분분하다. 함흥평야 일대라는 설, 그보다 좀 더 북쪽의 함경도 길주까지 이르렀다는 설, 훨씬 더 북쪽으로 올라가 두만강 북쪽 700리에 이르렀다는 설이 있다. 방송에서는 『세종실록』의 기록에 따라 세 번째 설을 택했으나, 최근 두 번째 설(길주 이남설)을 주장하는 학자들이 있어 이 문제는 앞으로 연구에 맡겨야 할 듯하다.

9성을 쌓았지만, 고려와 여진의 싸움은 끝나지 않았다. 여진은 자신들의 땅을 되찾기 위해 계속 공격해 왔고, 고려는 끊임없는 전쟁에 직면해야 했다. 17만 군사를 동원한 총력전이 한 번으로 마무리되지 않고 끝 모를 수렁으로 빠져들 때, 새로 개척한 영토를 채우기 위한 사민 정책에 불만이 고조될 때, 게다가 여진의 세력이 하루가 다르게 커지고 있을 때 고려가 어떤 선택을 해야 했을까? 9성은 2년 만에 반환되었고, 윤관은 무모한 전쟁을 일으켰다는 탄핵을 받아 관직에서 물러났다. 윤관을 위해서는 안타까운 일이지만, 국가의 존망을 다투는 정책이 개인을 위해서 결정될 수는 없는 일이 아니겠는가?(윤관은 얼마 지나지 않아 복직되고 복권되었다.)

9성을 반환하는 조건은 여진이 고려를 침략하지 않는다는 것이었다. 여진은 끝까지 이 약속을 지켰는데, 금을 건국하고 거란과 송을 차례로 멸망시키면서도 고려만은 공격하지 않았다. 따라서 고려와 금 사이에는 평화가 지속되었다. 물론 그 평화가 9성 반환만으로 이루어진 것은 아니었다. 방송에서 다루지 못한 뒷이야기가 있다.

금은 건국된 지 2년 뒤에 고려에 국서를 보내와 형제 관계를 요구했고, 얼마 뒤 군신 관계를 요구했다. 뒷날 조선에 후금(청)이 요구한 것과 똑같은 순서였다. 조선과 달리, 고려에서는 격론 끝에 이 요구를 받아들여 금에 사대하기로 하고 책봉-조공 관계를 맺었다. 금이 강성한 현실을 인정한 결과였다. 이로써 전쟁을 피하고 평화의 길을 택했으니, 고려의 유연한 외교가 또 한 번 100년의 평화를 가져왔던 것이다.

금의 사대 요구를 받아들일 때 정권을 잡고 있던 사람이 이자겸이었다. 묘청은 금에 대한 사대에 반대하면서 반란을 일으켰다. 금에 대한 사대가 현실적인 실리 외교라고 한다면, 이 두 사람에 대한 평가는 어떻게 달라질까?

제1차 여진 정벌의 실패

1104년, 고려 북쪽 국경인
정주성 밖에 여진의 군대가 진을 친다.

고려 왕 숙종은 임간을 보내 여진을 막게 하지만,
적진으로 깊숙이 들어간 고려군은
여진 군대에 크게 패하고 만다.

기세등등해진 여진은 고려의 성을 공격해
수많은 백성을 죽이고 재물을 약탈한다.
이에 놀란 숙종은 윤관에게 지휘를 맡긴다.

서른 명이 넘는 여진족의 목을 베는 윤관.
그러나 이미 기울어진 전세를 뒤집지는 못한다.

이 전투에서 윤관은 군대의 절반을 잃는
뼈아픈 패배를 당한다.

이후 윤관은 새로운 여진 정벌을 준비하며
설욕의 칼을 갈기 시작한다.

제1차 여진 정벌, 고려의 뼈아픈 패배

최원정   지난번에는 고려가 거란을 상대로 싸웠는데, 이번에는 여진이에요. 고려가 참 어려운 상황이 계속 반복되네요.

류근   참 뜻밖이에요. 고려가 여진에 저렇게 참담하게 패배당했다는 것을 처음 알았거든요.

이윤석   고려는 거란과 싸워서 이겨 본 경험이 있는데, 왜 여진에는 졌을까요? 여진이 더 센가요?

최태성   근데 거란과 싸운 지는 이미 85년 정도가 지났습니다. 세월이 꽤 흘렀죠.

류근   아, 귀주대첩의 승리에서 85년이나 지났군요. 그럼 고려가 맨날 전쟁만 한 건 아니네요.

최태성   큰 전쟁 후 찾아온 평화를 누리고 나서 여진과 싸워 보니까 만만치 않았던 거죠.

최원정   근데 고려랑 여진은 원래 사이가 안 좋았나요?

신병주   원래는 관계가 괜찮았어요. 두만강 유역에서 살던 여진 부족 중에 상당수는 자기들의 시조를 고려인으로 생각했습니다. 그래서 고려를 부모의 나라로 부르기도 하죠. 고려도 여진을 상대로 회유정책과 동화정책을 펴서 여진인들이 귀화하면 토지나 가옥 또는 벼슬까지 주니까 많은 여진족이 고려에 들어오기도 할 정도로 관계가 좋았고요.

이익주   여진은 생필품을 구하기 위해 고려와의 무역이 반드시 필요했습니다. 그래서 고려에 대해서는 저자세를 보이면서 무역을 계속했는데, 이 무역이 제대로 이루어지지 않으면 약탈자로 돌변합니다. 고려 변방을 공격해 오기도 하고, 때로는 배를 타고 해적이 되는 거죠.

최원정   여진족이 배를 타고 내려와서 해적 노릇도 했군요.

완안부의 세력 확대

이익주 경주를 약탈한 적도 있고 울릉도에도 한 번 출현합니다. 좀 더
멀리는 일본의 규슈까지 침략하는데, 12세기 초가 되면서 상황
이 급변합니다. 여진족 가운데 내륙 지역, 그러니까 지금의 헤이
룽장성에 살던 완안부라는 부족이 다른 여진 부족을 정복해 통
일하기 시작해요. 그래서 급격히 세력을 확장하고 고려 쪽으로,
중국 쪽으로 세력을 넓혀 가죠. 그러면서 고려의 동북면에 살던
여진족이 완안부의 공격을 피해 고려로 넘어오는데, 추격해 온
완안부의 여진 기병과 고려가 전투를 벌입니다. 이때 고려군 지
휘관인 임간이 완안부의 여진군을 과소평가했던 것 같습니다.
한 번 대적했다가 아주 큰 패배를 당하죠.[†]

류근 고려를 부모의 나라로까지 섬겼다는 여진에 대패를 당했으니 정
말 보통 충격이 아니었을 것 같아요.

최태성 제1차 여진 정벌이 실패로 돌아가자 숙종이 크게 분노합니다. 그
래서 천지신명에게 "만약 도움을 내려 적지를 소탕하게 해 준다
면 그 땅에 사원을 짓겠다."라고 빌면서 바로 제2차 여진 정벌을

준비하죠.

이윤석   그런데 싸움이라는 게 질 때도 있는 거고, 전쟁을 일으키는 건 정말 큰일이잖아요. 조금 과하게 반응하는 건 아닌가 하는 생각도 들거든요.

> † 임간이 공을 세우는 데 급급해 병사를 이끌고 깊이 들어갔는데, 그들에게 공격을 받아 연달아 패배해 죽은 자가 거의 절반이었다.
> ─『고려사』「윤관 열전」

여진 정벌의 배경

최태성   고려와 여진 사이에는 특수 관계가 있어요. 고려와 거란이 사대 관계를 맺었잖아요. 그런데도 고려는 황제국으로 칭합니다.

이윤석   거란도 이미 황제국을 칭하고 있지 않았나요? 그런데 고려가 황제국을 칭하는 걸 거란이 내버려 두나요?

신병주   916년에 거란이 나라를 세웁니다. 그리고 960년에 건국한 송이 얼마 뒤에 중원 지역으로 진출하면서 북쪽의 거란과 대치했기 때문에 절대 강자가 없는 상황이죠. 서로 황제를 칭합니다. 고려도 이런 상황 속에서 상당히 적절한 외교 전략을 구사하면서 스스로 황제국으로 칭하죠.

류근   그런데 고려도 그렇고, 왜 다들 그렇게 황제국에 집착하는 거예요? 우리로서는 별로 나쁠 건 없지만, 상징적 의미 외에 실질적 이득은 없는 거 아닙니까?

이익주   그 당시 고려 사람들은 국제 질서 속에서 고려의 위상이라는 문제를 대단히 중요하게 생각했습니다. 요즘 우리도 우리나라가 독립국이라는 것에 관해 평소에는 의식하지 않지만, 누구나 그 중요성을 인정하지 않습니까? 고려 사람들도 자기들이 황제국을 이루고 있고 자기네 임금이 천자이므로 고려라는 하나의 천

10세기 동아시아의 세력 판도

하가 중국 쪽과는 별도로 존재한다고 생각했고, 그 사실을 대단히 자랑스럽게 여겼습니다. 그리고 그런 자부심이 국가가 위기에 빠졌을 때 국가를 지키는 원동력이 되기도 하죠. 따라서 황제국을 칭하는 것을 단순한 자존심의 문제로만 보기 어려운 점이 있습니다. 그런데 황제국이 되려면 그저 황제를 자칭하는 것으로 충분하지 않습니다. 반드시 한 가지가 더 있어야 합니다.

류근 조공을 바치는 제후국이 있어야 할 거 아니에요. 당연히 그래야 제국이죠.

이익주 그렇죠. 고려도 황제국임을 내세우려면 제후국이 필요했고, 바로 여진이 그 역할을 해 줬던 겁니다. 그런데 이 여진이 자기들의 힘이 강대해지자 천자의 나라인 고려를 공격해 오는 일이 벌어지니 절대 좌시할 수 없는 상황이 된 거죠.

신병주 고려 처지에서 봤을 때는 여진이 하극상을 일으킨 거죠.

이윤석 고려의 천하관에서는 고려는 위에, 여진은 아래에 있는데 그 상

52

식이 뒤집힌 거네요. 숙종이 하늘이 무너지고 땅이 거꾸로 치솟는 느낌에 매우 당황하고 분노했겠네요. 조금씩 이해됩니다.

류근 　지금 어떻게든 여진이 더 자라기 전에 싹을 잘라야겠다는 의도도 있는 것 같아요. 거기다가 결정적으로 고려는 거란에 침략당했던 정신적외상이 있잖아요. 그러니까 이번에는 여진에 당하기 전에 먼저 선제적으로 치고 나가는 게 유리하겠다고 판단했을 가능성이 높아요.

신병주 　당시의 고려에는 내부적으로 정치적 사정이 있었어요. 고려의 제15대 왕 숙종은 묘호는 조선의 제19대 왕 숙종과 똑같지만, 왕위를 차지한 방법은 조선의 세조와 똑같아요. 바로 제14대 왕 헌종이 숙종의 조카였거든요. 세조와 마찬가지로 조카의 왕위를 빼앗은 겁니다. 당연히 정통성에 약점이 있는데, 외부적으로는 여진에 패배하니까 정치적으로 상당히 몰린 거죠. 따라서 숙종으로서는 여진 정벌을 단행해서 확실하게 승기를 잡아야만 자기의 정치적 안정도 꾀할 수 있는 겁니다.

류근 　보통은 내부의 갈등을 외부의 위기로 돌려 모면하잖아요. 숙종도 그런 심산이 아니었을까 하는 생각이 언뜻 듭니다.

이윤석 　그러니까요. 조카에게만 강하고 오랑캐에게는 약하다는 얘기가 나오는 건 좀 그렇잖아요. 그럼 분기탱천해서 정벌하는 건 좋은데, 제1차 여진 정벌 때 윤관이 속수무책으로 강화를 맺었잖아요. 그냥 정벌해서는 안 되고 치밀한 준비가 필요할 것 같아요. 신출귀몰한 작전이나 전략이 있었습니까?

별무반의 창설

신병주 　있었습니다. 시험에 출제되는 빈도가 아주 높은, 그 유명한 별무반을 창설하죠.

윤관 초상 문신상과 무신상의 두 가지 모습을 볼 수 있다.

최원정 별무반이 이때 처음 등장하는군요.

신병주 별무반은 윤관이 "여진은 주로 기병인데 우리 군은 보병이어서 상당히 불리하다."라며 건의하고, 숙종이 그 제안을 받아들여서 새로 창설한 부대입니다.[†]

최원정 얘기가 나온 김에 별무반에 관해 박금수 박사님과 함께 조금 더 자세히 알아보겠습니다. 박사님, 별무반은 구체적으로 어떤 조직이었나요?

별무반이 여진 기병을 격파한 비결

박금수 별무반은 기병을 강화한 특별 군대입니다. 크게 기병인 신기군과 보병인 신보군으로 나누고, 그 외에 다양한 무기를 사용하는 전문 부대들이 있습니다. 강한 활을 쓰는 경궁군이 있고, 노 하나가 아니라 두세 개를 연결한 강력한 노를 쓰는 정노군이 있죠. 또한 돌을 그냥 던지기도 하고 돌팔매에 끼워 먼 거리를 던지기도 하는 석투군도 있습니다. 그리고 대각, 즉 뿔로 만든 악기를 입으로 부는 대각군이 있는데, 군사들을 모으거나 돌격하게 할 때 바로 이 대각을 불어 신호를 보내게 돼 있습니다. 사람이 옆에서 죽어 나가는 매우 혼란스러운 전장에서 끊임없이 대각을 불어 군대를 움직이는 대각군의 임무는 매우 중요했죠. 한편 돌격대로 추정되는 도탕군이 있는데, 도탕군은 돌격 부대인데도 기병이 아니라 보병이었어요. 그래서 이 도탕군의 임무는 적이 공격대형을 제대로 형성하기 전에 돌입해 분탕질을 치며 적의 기세를 꺾는 소수 정예부대였을 것으로 추정됩니다.

이윤석 지금 보니까 부대들이 이렇게 전문화돼 있는데, 한꺼번에 몰려가서 싸웠을 것 같지는 않아요. 그러면 복잡하잖아요. 어떻게 싸웠을까요?

박금수 제가 좀 더 설명해 드리겠습니다. 들판에서 고려군과 여진군이 만났다고 했을 때, 우선은 공격대형을 짜겠죠. 그런데 여진군이 제대로 대형을 이루기도 전에 도탕군이 마구 돌격합니다. 하지만 이 도탕군은 소수여서 어차피 진압되고 대부분 죽기 마련입니다. 그런데도 돌격하는 이유는 뭘까요? 이 도탕군은 대개 죄수 또는 명예를 실추한 귀족으로 구성되었을 가능성이 큽니다. 열심히 싸워 공을 세우고 죽으면 그들의 남은 가족을 보살펴 준다거나 귀족이라면 명예를 회복해 준다는 대가가 있었기 때문에 목숨을 버리고서라도 용감하게 돌격했던 것이죠.

이윤석 말 그대로 처절한 죽음을 각오한 결사대네요.

박금수 도탕군을 제압한 여진군이 공격을 시작하려고 하면 강한 노와 강한 활을 든 부대인 정노군과 경궁군이 앞으로 나와 원거리에서 매우 강력한 사격을 합니다. 화살을 맞아 가면서도 다가오는 여진 기병을 상대로는 석투군이 나와 돌을 던지고요. 이렇게 여진 기병이 많은 상처를 입어 힘이 최대한 빠진 상태가 되면 전열을 고르던 고려 기병이 나와 저지에 나섭니다. 그리고 기병들끼리 싸우는 사이에 신보군은 계속해서 점점 앞으로 나가 전장으로 뛰어들어 전열을 유지한 상태에서 여진군과 백병전을 치렀을 겁니다.

류근 매우 조직적이고 체계적인 전투네요. 현대전에 못지않아요. 근데 윤관이 제1차 정벌에 실패한 이유가 여진 기병 때문이라고 했잖아요. 도대체 어떤 방법으로 기병에 대응해야 할까요?

박금수 당시에 고려군은 여진 기병을 상대하기 위해 대도를 썼을 것으로 추정됩니다. 대도는 큰 칼이라는 뜻이죠. 칼도 길고 자루도 긴데, 『고려사』를 보면 대도를 썼다는 기록이 매우 자주 나옵니다. 중국에는 전한 시대부터 썼었던 참마검이라는 게 있어요. 참마(斬馬)는 말을 벤다는 뜻인데, 그 병기가 고려 시대에 와서는 대도의 형태로 자리 잡았던 것으로 보입니다. 이웃인 송나라의 아주 유명한 장군인 악비[1]도 이런 대도를 썼죠. 『송사』[2] 「악비

악비 중국의 민족 영웅으로 추앙받고 있다.

전」을 보면 1140년에 금나라와 전투를 벌일 때 당시에는 마찰도 (麻紮刀)로 불린 대도로 무장한 보병을 진형의 양 날개에 배치해 금나라가 자랑하는 중무장 기병을 저지한 기록이 있습니다.

최원정 그러면 대도를 기병을 상대로는 어떻게 쓰죠?

박금수 기병이 돌격해 올 때 위를 노리려고 하면 오히려 당합니다. 그래서 허점인 말의 다리를 노리죠. 길게 뻗어 있는 날을 이용해 말의 배를 찌르기도 하고, 돌아서 목을 치기도 합니다. 이러한 공격을 받은 적 기병은 땅으로 떨어지고요. 따라서 악비도 적을 상대할 때 병사들에게 위를 보지 말고 말의 다리만 노리게 했습니다. 고려의 별무반 역시 대도를 이용해 여진의 기병에 대항했을 것으로 추정되고요. 이러한 대도류는 조선 전기에는 장검, 조선 후기에는 협도라는 이름으로 계속해서 쓰입니다. 우리 민족이 북방 기병을 상대해야만 했던 역사와 밀접한 관련이 있는 무기라고 볼 수 있겠습니다.

별무반의 규모

최원정 근데 저렇게 다양한 부대가 있었다는 걸 보면 별무반의 규모가 매우 컸을 것 같아요.

최태성 당연하죠. 별무반을 얼마나 큰 규모로 소집했는지 알려 드릴게요. 이윤석 씨, 만약에 고려 시대에 태어난다면 어떤 집안에 태어나고 싶으세요?

이윤석 저는 큰 권력 같은 것은 필요가 없어요. 좀 넉넉한 집안에 태어나서 풍월을 읊고 즐기면서 한 번 살아 보고 싶다는 생각은 있습니다만.

최태성 고려 시대에 넉넉한 집안에서 태어났으면 댁에 말이 있겠네요.

이윤석 말은 당연히 있죠. 까만색, 하얀색, 색깔별로 다 있죠.

최태성 아, 그렇군요. 축하드립니다. 신기군으로 선발되었습니다.

이윤석 제가요? 갑자기 군인이 된 건가요? 말이 있으면 무조건 선발되는 거예요?

최태성 이때가 전쟁을 준비하는 시기잖아요. 따라서 현직에 있는 문무 관리를 빼고, 서리든 상인이든 하여튼 지방행정단위에 있는, 말을 소유한 사람은 모두 신기군에 소속되어야 합니다.

이윤석 그러면 저는 말 같은 건 키우지 않고 그냥 평범한 백성으로 태어나고 싶습니다.

최태성 그래요? 그럼 혹시 과거 공부를 하고 싶은 생각은 없나요?

이윤석 저는 과거 공부도 안 할게요. 그냥 평범한 백성으로 살게요.

최태성 공부를 안 하겠다는 거죠? 축하합니다! 신보군으로 선발되셨습니다! 과거를 준비하는 사람을 빼고 스무 살 이상이면 신보군에 들어가야 합니다.

류근 저처럼 싸우기 싫은 평화주의자들은 불교의 나라 고려의 백성답게 그냥 절로 들어가는 수밖에 없을 것 같은데요.

신병주 그러면 류근 시인은 항마군으로 선발됩니다. 이때는 각 사원의 승도[3]라고 해서 절의 허드렛일을 하는, 예속되어 있는 사람들까지 다 항마군으로 편성합니다. 요즘 표현으로 하면 전시 비상사태니까요.

류근 국민 총동원령 같은 거네요. 물 샐 틈이 거의 없어요.

최원정 그 시대에 태어났으면 여기 계신 분 모두 별무반으로 가셔야 하네요. 저렇게 모인 수가 도대체 얼마나 됐어요?

이익주 기록에 따르면 윤관이 여진을 공격할 때 별무반에 속한 군사의 수가 모두 17만 명이었다고 합니다.[†] 그런데 이들을 훈련할 시간이 필요하죠. 그래서 별무반을 조직하고 바로 공격에 나서지는 않았습니다. 3년 정도 시차가 있는데, 이 기간에 집중적으로 훈련을 실시했을 겁니다.

류근 이 시대에 17만 명이면 걸어 다닐 수 있는 남자들은 다 들어갔겠네요. 고려 전국의 남자들을 3년간 훈련했다는 것도 보통 일이 아니었을 텐데 말이죠.

신병주 그만큼 위기의식이 컸던 겁니다. 국가가 나서서 총력으로 대응함으로써 이런 일을 할 수 있었던 거죠.

---

† 윤관과 오연총이 동계(東界)에 이르러 장춘역(長春驛)에 병사를 주둔시켰는데, 무릇 17만으로 20만이라고 칭했다.
— 『고려사』 「윤관 열전」

제2차 여진 정벌의 시작

류근   그러면 제2차 여진 정벌은 언제 나섭니까?

이익주   1107년에 변방에서 여진족의 동태가 수상하다는 보고가 올라옵니다.† 그러자 정말 기다렸다는 듯이 별무반을 출동시켜 여진을 공격하기 시작합니다.

이윤석   숙종이 별무반을 사열하면서 '아, 드디어 내가 복수할 수 있구나.' 하는 마음에 매우 뿌듯했을 것 같아요.

이익주   근데 이 별무반을 만든 숙종은 안타깝게도 그 사이에 사망해서 별무반이 출동하는 것을 보지 못합니다. 그 대신에 그 뒤를 이은 예종이 여진 공격을 시작하죠.

류근   17만 명이나 되는 군인을 보내서 전쟁을 한다는 게 보통 일이 아니에요. 더구나 그 계획을 주도했던 숙종이 사망했는데, 아들인 예종이 그 과업을 이어서 해낸다는 것, 정말 쉽지 않은 일이었겠어요.

최태성   별무반을 만들자고 건의했던 사람이 윤관이잖아요. 숙종이 사망했는데도 제2차 정벌이 계속 유지될 수 있었던 것에는 역시 윤관의 영향력이 컸다고 볼 수 있겠죠.

> † 변방의 장수가 보고하기를, "여진이 매우 사나워 변방의 성을 침입[侵突]하고 있습니다. 그 추장이 조롱박 하나를 꿩 꼬리털에 매달아 여러 부락에 돌려 보이면서 의논하고 있으니 그 마음을 예측하기 어렵습니다."라고 하였다.
> ─ 『고려사』, 「윤관 열전」

윤관, 적에게 연회를 베풀다

1107년 12월, 고려의 17만 대군은
여진을 정벌하기 위해 국경으로 향한다.

복수를 나짐하며 국경에 도착한 고려군.
그런데 뜻밖의 일이 일어난다.

고려군 원수 윤관은 포로를 풀어 주겠다며
여진 추장 400여 명을 불러 술을 대접한다.

화기애애한 분위기 속에서
술에 취하는 여진 추장들.

적에게 연회를 베푼 윤관.
도대체 왜 이런 행동을 한 것일까?

윤관의 기만전술

최원정 전쟁하러 온 거 맞나요? 포로를 다 석방하고 술까지 먹이네요.

류근 외교에 능한 고려의 대외 전략인데 뭔가 있지 않을까요?

이윤석 그러니까요. 그냥 술을 먹였을 것 같지는 않아요. 그리고 추장들만 400명 넘게 모였다는 것도 뭔가 이상하죠.

신병주 기만전술입니다. 술을 대접해 놓으면 당연히 취하겠죠. 취하면 무력해지잖아요. 바로 그때 복병을 동원해 공격하는 전략을 짰던 거예요.

이윤석 그런 전략과 전술도 좋지만, 그래도 17만 병사를 모아 3년간 고된 훈련을 해서 전쟁에 나간 거 아닙니까? 그러면 좀 시원시원하게 힘으로 정정당당하게 붙어 승리를 거뒀으면 더 좋지 않았을까 하는 생각이 드네요.

류근 무슨 말씀이에요. 전쟁 상황에서 아군의 피해를 최소화하는 전략을 선택한 건 당연한 거죠. 전쟁 자체가 이미 부당한 상황인데 무슨 정정당당을 따집니까? 일단 이기고 봐야죠. 『손자』에서도 "병자궤도야(兵者詭道也)"라고 해서 전쟁은 적을 속이는 것이라고 되어 있어요.

최원정 술을 먹이고 뒤통수를 치는 게 뭔가 께름칙하긴 한데 맞는 얘기예요. 스포츠처럼 스포츠 정신이 있는 것도 아니고, 이겨야 하니까요.

류근 그 정정당당해야 할 스포츠도 사실은 페인트가 있지 않습니까?

신병주 조선 시대에도 비슷한 고민을 합니다. 400여 년 뒤인 중종 때, 1518년인데 이때도 여진족이 북방에서 조선의 국경을 침범해 오니까 조선으로서도 고민거리예요. 그런데 마침 여진족의 추장이 사냥하러 나왔는데 방비가 허술합니다. 그 추장을 잡기만 하면 조선에는 유리한 데 말이죠. 그래서 그 추장을 체포하는 문제

조광조 1750년에 만들어진 작품이다.

를 둘러싸고 조정에서 토론이 벌어졌어요. 어서 공격해 체포해
야 한다는 쪽, 그리고 정당한 방법으로 공격해야지 사냥하는 사
람을 공격하는 것은 바른 도리가 아니라는 쪽으로 갈립니다. 그
렇다면 그냥 놓아주자고 말한 사람은 누구일까요? 중종 때 가장
대표적인 성리학자입니다. 바로 조광조[4]죠.[†]

최원정   이기기 위해서는 뭐든 해도 되는지 아닌지의 문제네요.

이윤석   여진 정벌이라는 말에서 정벌은 문자 그대로 무력으로 치는 거
잖아요. 저는 윤관의 행동이 바른지 그른지를 떠나서 계책보다
는 압도적인 힘으로 눌러야 나중에 다른 소리를 못 할 거라고 생
각하거든요. "그때는 꾀에 당했어."라는 말이 나오면 여진족이

계속 반발하지 않을까 걱정됩니다.

류근   일단 전쟁은 시작됐으니까, 적의 예봉을 꺾어 놓고 시작하자는
거죠.

> † "제왕의 거동은 만전해야 합니다. 반드시 사리가 바른 뒤에 거행해야 합니다.
> 지금 속고내가 모역하는 마음이 없고 다만 사냥하러 왔을 뿐인데, 우리가 불의
> 에 엄습하여 사로잡으려 한단 말입니까? 이와 같은 일은 변장이 혹 편의로 처
> 리하였더라도 불가한데, 만약 조정에서 스스로 도적의 꾀를 행하여 재상을 보
> 내어 엄습한다면 의리에 어떻겠습니까?"
> ─ 『중종실록』 13년(1517) 8월 17일

동북 9성 개척

신병주   그렇죠. 윤관은 기선을 제압해 놓은 다음에 전격적으로 계속 진
격을 거듭합니다. 그러니까 여진족도 제대로 저항하지 못해요.
그래서 여진족이 지키던 성을 고려군이 하나하나 다 빼앗고는
그 지역에 오히려 고려의 성을 쌓습니다. 함주, 영주, 웅주, 길주,
복주, 공험진까지 여섯 개 성을 쌓은 후에 다시 의주, 통태진, 평
융진의 세 개 성을 더해 동북 9성을 설치했죠.

류근   절치부심하고 와신상담한 보람이 있네요.

이윤석   고려의 백성이 총동원됐고 우두머리 400여 명이 죽었으니 여진
족으로서는 제대로 싸우지도 않고 도망갈 만하네요. 고려가 정
말 기뻤나 봐요. "피어오르는 먼지만 보고도 달아나더라."라고
기록했더라고요. 얼마나 먼지가 많이 났을까요?

류근   17만 명이 우르르 몰려오면 무서울 것 같지 않나요?

최태성   제2차 여진 정벌의 승리 요인으로는 먼저 아까 얘기한 기만전술
을 꼽을 수 있습니다. 그런데 더 중요한 승리 요인은 제1차 여진
정벌이 실패한 원인을 분석하고 부족한 점을 채우면서 끊임없이
고민하고 준비했다는 점이 아닐까 합니다.

이윤석   물론 윤관의 리더십이 정말 빛난 건 사실인데, 갑자기 징병되어 3년간 고된 훈련을 받고 전쟁에 임했던 평범한 고려인들도 잊으면 안 되겠다는 생각도 조금은 들어요.

신병주   우리가 현충일에 기리는 선열들에는 이런 평범한 고려인들도 포함되는 거예요.

최원정   그러면 고려가 뺏어 온 동북 9성은 어디쯤에 위치한 곳인가요?

최태성   학교 시험이나 대학수학능력시험에서 강동 6주가 표시된 지도는 잘 나오는데, 동북 9성이 표시된 지도는 절대 안 나옵니다. 이유가 있어요.

이익주   동북 9성의 위치는 지금도 여러 가지 설이 있어 어느 한 가지 설로 정확하게 정하기가 어려운 형편입니다. 하지만 그 가운데 가장 유력한 설은 두만강 북쪽 지역에 있었다는 설입니다. 윤관의 동북 9성에 관한 가장 오래된 기록이 『세종실록』「지리지」와 『고려사』「지리지」에 나옵니다. 이 두 개의 자료에는 공통적으로 두만강 북쪽 700리 지점에 9성 가운데 가장 북쪽에 있었던 공험진이 있고, 공험진 아래에 있는 선춘령이라는 고개에 비석을 세웠다는 기록이 있습니다. 그래서 9성의 최북단이 두만강에서 북쪽으로 700리 떨어진 곳이라는 사실을 알려 줍니다. 그런데 그 기록을 믿을 수 없다고 주장하는 학자들이 그 이후에 나타납니다. 가장 대표적으로 1900년대 초부터 일본인 학사들이 『세종실록』「지리지」와 『고려사』「지리지」의 기록은 잘못된 것이며, 실제로는 동북 9성이 함흥평야 일대에 있었을 것이라고 주장하기 시작합니다. 하지만 그 일본인 학자들의 학설은 고려가 그렇게까지 멀리 진출했을 리가 없다는 가정을 전제하기 때문에 현재로서는 받아들이기가 어렵습니다.

최원정   고려를 깎아내리기 위한 일본학자들의 의도가 보이네요.

척경입비도 선춘령에 '고려지경(高麗之境)'이라고 새겨진 비를 세우는 장면을 담은 기록화다.

이익주 그렇죠. 고려사뿐 아니라 한국사 전체를 깎아내린 식민사학의
영향이 있죠. 현재로서는 자료가 명백한 두만강 북쪽 700리설이
가장 유력하다고 봐야 할 것 같습니다. 그리고 고려와 여진의 국
경이었던 천리장성[5]에서 두만강 북쪽 700리 지점까지 이르는 통

동북 9성의 위치를 둘러싼 학설

로 역할을 하는 영토도 확보했다고 봐야겠죠. 다만 동북 9성의
위치가 기존 국경선에서 멀수록 관리하기는 어려워집니다.

신병주 『고려사』의 기록에도 보면 "개척한 땅이 너무 넓고 9성 사이의

야연사준도 김종서가 6진을 개척하던 때의 모습을 묘사한 기록화다.

거리가 너무 멀었다."라는 기록이 나오거든요. 일제가 강하게 주장했던 함흥평야설과는 전혀 안 맞는 내용이죠. 아무래도 『세종실록』「지리지」라든가 『고려사』「지리지」쪽의 기록이 사실일 가능성이 훨씬 높습니다. 그리고 동북 9성이 있었던 곳으로 유력하게 추정되는 지역이 절묘하게도 조선 세종 때 6진이 개척된 지역이에요. 그러니까 1400년대의 6진 개척은 300여 년 전에 윤관의 동북 9성 개척이라는 기반 위에서 이루어진 것입니다. 동북 9성을 개척하는 과정이 있었기에 그때 확보한 땅을 조선 시대에도 우리 영토로 여기는 의식이 있었다고 해석할 수 있죠.

최원정 고려가 뿌린 씨앗을 조선이 거둔 셈이네요.

신병주 조선이라는 나라는 고려의 후계 국가이니까, 당연히 고려의 역사의식과 영토 의식도 조선이 계승한 겁니다.

이익주 그 계승을 가장 잘한 사람이 세종이죠. 세종은 함길도 절제사로 있던 김종서를 불러 다음과 같이 하명합니다. "공험진이 어디인가? 공험진에 세웠다는 그 선춘령비를 지금 찾을 수 있는가?" 그리고 윤관의 동북 9성이 어디인지를 알아보게 합니다. 그래서 실제로 6진을 개척할 때 윤관의 동북 9성에 관한 정확한 정보를 가지고 시작했던 것이죠.

류근 지난번에 서희도 그렇고 이번에 윤관도 그렇고 후손들에게 영토만큼은 제대로 물려준 거예요.

최태성 후손들이 좀 더 연구해서 동북 9성의 위치를 확정 지었으면 좋겠어요.

최원정 그런데 동북 9성에 뭔가 문제가 발생한 것 같습니다. 고려와 여진 사이에 긴급 비상 회담이 열리고 있다는데, 한번 알아보죠.

고려 뉴스: 고려, 여진과 협상하다

이광용 1109년 7월, 「고려 뉴스」입니다. 지금 고려와 여진의 대표가 동북 9성 문제를 놓고 긴급 비상 회담을 하고 있습니다. 과연 양쪽 사이에 어떤 이야기가 오가고 있을까요?

여진 측   지금 동북 9성이 있는 지역에 살던 우리 여진족이 다들 길바 닥에 나앉았습니다. 제발 땅 좀 돌려주세요. 우리도 먹고살아 야 할 거 아닙니까?

고려 측   아니, 국력을 총동원해 얻은 땅을 그냥 달라고 하면 그게 되겠 소? 당신이 여진의 서희요?

이광용   보시는 것처럼 양측의 입장이 아주 팽팽히 맞선 상황입니다. 그동안 고려군과 여진군은 동북 9성 일대에서 계속 전투를 벌 여 왔습니다. 그런데 지난달에 여진 쪽에서 갑자기 화친을 청 해 왔죠. 문제는 화친 조건으로 동북 9성을 반환하라고 요구 했다는 겁니다. 전쟁이 길어지면 부담이 되는 건 고려도 마찬 가지여서인지, 고려에도 화친에 찬성하는 사람이 적지 않다 고 합니다. 아! 지금 막 협상이 타결된 것 같습니다.

고려 측   합의문. 하나, 고려는 동북 9성을 여진에 반환한다. 하나, 동 북 9성의 고려인들이 후방으로 이동할 때 여진은 절대 공격하 지 않는다.

여진 측   하나, 고려가 동북 9성을 여진에 반환한다면, 그래서 우리 여 진인들이 생업에 종사할 수 있게만 해 준다면 우리 여진은 자 손 대대로 고려에 조공을 정성껏 바친다. 하나, 여진은 고려 영토에 감히 기와 조각 하나라도 던지지 않는다.

이광용   이것으로 만 2년 만에 동북 9성은 여진에 반환됐습니다. 과연 여진은 고려를 공격하지 않겠다는 약속을 확실히 지킬까 요? 그리고 고려의 이번 선택은 이후 고려 역사에 어떤 영향 을 미치게 될까요?

동북 9성의 반환

최원정   아니, 그렇게 고생해서 개척해 놓고 이렇게 허무하게 돌려줘도 되는 거예요?

류근 그러게요. 너무 쉽게 믿어버린 거 아니에요? 정말 아쉬움이 남습니다. 어떻게 잘 유지할 것인지를 고민하지 않고 그렇게 냉큼 돌려준 게 말이 됩니까?

이익주 동북 9성을 개척하는 것까지는 성공했는데, 그 넓은 지역을 지키고 유지하는 게 대단히 어려운 일이었습니다. 게다가 그 지역은 원래 여진족이 옛날부터 살던 곳입니다. 고려군이 몰아낸 여진족이 계속 공격해 와서 전쟁이 끊이지가 않죠. 게다가 전염병이 돌고 기근까지 겹쳐서 동북 9성을 운영하는 것에 관한 백성들의 민심에 동요가 일어납니다.

최태성 참 씁쓸합니다. 사실 동북 9성을 처음 쌓을 때도 "이거 유지가 되겠느냐?"라는 문제 제기가 분명히 있었어요. 왜냐면 동북 9성을 쌓은 지역이 너무 넓은 거예요. 각 성을 잇는 거리가 너무 멀어서 서로 돕고 보급해 주기가 물리적으로 어렵고요. 게다가 골짜기 같은 곳에는 여진족들이 매복해 있어 지나가는 사람들을 노략질하기도 합니다.[†] 그러니 고려로서도 관리하고 유지하기가 정말 어려워서 못 이기는 척하고 "그래, 그냥 돌려줄게."라는 식으로 나온 거죠.

신병주 300년 뒤인 조선 세종 때 4군 6진을 개척했을 때도 비슷한 고민이 있습니다. 특히 6진 쪽, 그러니까 함경도 쪽은 관리하고 지키기가 더 어려우니까 이때도 일부 신하 사이에서는 포기하자는 주장이 제기됩니다. 그런데 세종이 강력하게 "이 지역은 중국의 명나라와 국경을 맞댄 지역이어서 우리가 이 지역을 포기한 후 명나라가 오랑캐를 제어하겠다고 이곳을 차지하면 우리로서는 할 말이 없다. 그러니 아무리 어려운 상황이 닥치더라도 끝까지 지켜야 한다."라고 주장하죠.[‡]

4군 6진

류근 역시 세종입니다. 근데 고려의 예종은 도대체 왜 좀 더 강고하게 동북 9성을 지키지 못한 것인지 여전히 아쉬움이 남아요. 그 당시의 사정이 이해가 안 가는 것은 아닌데, 그래도 좀 더 버텼어야 하는 게 아닐까요? 준비 기간이 3년인데 2년 만에 돌려주었잖아요. 정말 참 안타깝습니다.

이익주 마침 이 무렵에 고려군이 여진의 공격을 받아 패배하는 일이 자꾸 생깁니다. 그러다 보니 고려로서는 의지와는 별개로 이 지역을 끝까지 유지하기가 참 어렵다고 판단했을 겁니다.

최원정 아무래도 동북 9성을 반환할 수밖에 없는 상황인 걸 이해는 좀 합니다만, 그 당시에 반대하는 사람은 없었나요?

최태성 있긴 있었죠. 근데 너무 적었죠. 1109년, 그러니까 예종 4년 6월에 동북 9성 문제를 놓고 관리들이 모여 지금으로 치면 국무회의를 엽니다. 그런데 그때 참여한 관리 중에서 스물여덟 명은 돌려주자고 하고 두 명만 반대하는데, 여진족 사신이 와서 반환을 요구하니까 7월에 다시 회의를 합니다. 이때는 전원이 돌려주자는 쪽으로 결정하죠.

류근 그럼 윤관은 뭐가 됩니까? 지금까지 말 그대로 삽질만 한 거잖아요. 힘들여 별무반을 창설하고 전투 중에 성을 쌓느라 얼마나 힘들었겠어요? 그게 관리할 능력이 없다는 이유로 하루아침에 물거품이 된 건데 정말로 가슴이 아팠을 것 같아요.

최원정 동북 9성을 쌓는 데 들어간 자본력과 노동력을 생각하면 진짜 아깝네요.

이윤석 허무하고 허탈했을 거예요. 동북 9성을 힘겹게 쌓았는데 그 공이 모래성처럼 사라져 버렸잖아요.

최태성 설상가상으로 동북 9성을 반환하자는 논의가 나오자마자 윤관이 탄핵당합니다.

† 개척한 땅이 너무 넓어 9성 간의 거리가 멀고 계곡과 골짜기가 황량하고 깊어 적들이 매복하고 있다가 왕래하는 사람들을 약탈하는 경우가 많았다. 나라에서 군대를 징발하는 일이 많아 중앙과 지방이 소란한데, 기근과 전염병까지 겹쳐 마침내 원망과 탄식이 일어났다.
— 「고려사절요」 예종 4년(1109) 5월

‡ 야인을 위엄으로 제어하고, 해청을 잡는 것은 지금 조정에서 하려고 하는 바이다. 만약에 혹시나 추장이 없는 기회를 타서 (명에서) 여기에 위를 설치하여 야인에게 위엄을 보이고 해청을 잡는다면, 우리나라는 이미 이를 버렸으니 다시 무슨 말로 청하겠는가? 기회를 잃을 수 없다는 말이 심히 나의 뜻과 합한다.
— 「세종실록」 19년(1437) 8월 6일

윤관의 실각

1109년, 윤관을 처벌해야 한다는
목소리가 조정에서 높아진다.

윤관이 여진과의 전투에서 패하고,
나라에 피해를 주었다는 이유였다.

예종은 그 요구를 거부하지만,
신하들은 좀처럼 물러서지 않는다.
윤관을 향한 거듭되는 탄핵.

결국 예종은 마지못해
윤관의 관직과 공신 칭호를 박탈한다.

한때 여진 정벌의 영웅이었던 윤관.
하지만 이제 윤관에게 남은 것은
패장이라는 오명뿐이었다.

제2차 여진 정벌이 남긴 것

이익주   윤관을 공격하는 내용은 명분 없는 전쟁을 일으켰다는 것과 패배를 거듭해 국가에 피해를 주었다는 두 가지였습니다.

최태성   예종도 어쩔 수 없어 윤관을 관직에서 물러나게 하는 선에서 마무리하죠. 근데 예종이 윤관을 정말 아꼈던 것 같아요. 물러나게 했지만, 얼마 시나지 않아 복직하게 해요. 그런데 윤관이 복직하자마자 얼마 안 돼서 사망합니다.

류근   왜 그런지 알 것 같아요. 화병이 났을 것 같습니다. 얼마나 자존심이 상하고 상심했겠어요. 스트레스가 정말 심했던 겁니다.

최원정   동북 9성을 반환하면서 여진과의 관계는 정상화되었지만, 그렇게도 공들였던 제2차 여진 정벌이 너무 허무하게 끝나 버린 것 같아요.

이익주   꼭 그렇지만은 않습니다. 동북 9성을 돌려주면서 약속을 받아 내죠. 동북면의 여진이 대대로 조공을 계속 바치겠다는 것은 그 지역의 여진을 책봉함으로써 고려가 황제국의 지위를 계속 유지할 수 있다는 뜻입니다. 그리고 기왓장 한 조각도 던지지 않겠다는 약속, 즉 여진이 고려를 공격하지 않겠다는 약속을 받아 냄으로써 동북면에서 평화를 유지할 수 있게 됩니다. 게다가 한 가지 더 아주 중요한 사실이 있는데, 여진이 고려가 경험했던 것과는 아주 다른 강력한 세력으로 성장해 금을 건국합니다. 그런데 금은 고려에 대해서는 동북 9성을 반환받았다는 일종의 부채 의식이 있었던 것 같습니다. 그래서 금이 거란과 북송을 멸망시키면서도 고려에 대해서는 대단히 우호적인 정책으로 일관합니다.

이윤석   절대 공격하지 않겠다는 약속을 지킨 거네요. 그 어려운 걸 여진이 해냈습니다.

이익주   여진이 약속을 충실히 지켰을 뿐 아니라, 고려는 아주 실질적인

보주 지역

성과를 하나 거둡니다. 그동안 고려와 거란 사이에 계속 문제가 되었던 영토가 있습니다. 지금의 의주 지역인데, 당시 이름은 보주입니다. 서희의 외교 담판으로 거란이 강동 6주라는 압록강 이남의 땅을 고려에 줬지만, 압록강에서 아주 중요한 지점인 보주 지역만은 넘겨주지 않고 있었습니다. 그런데 여진족이 강성해지면서 거란을 공격하고, 이 보주 지역의 영유권을 고려에 양도해 줍니다. 이로써 고려는 압록강 이남을 온전하게 차지할 기회를 여진으로부터 얻은 셈인데, 그 계기는 전에 있었던 동북 9성의 반환에서부터 만들어졌던 것이죠.

최태성 그런데도 저는 많이 아쉬워요. 물론 일부 성과는 있었지만, 정세를 돌아봤을 때 서희가 보여 주었던 고려 특유의 외교가 보이지 않아요. 외교적인 고민이 좀 더 필요하지 않았을까 합니다.

류근 숙종이 동북 9성에 관한 비전을 아들 예종에게 제대로 인수인계하지 못하고 간 게 아닌가 싶어요. 그러고 보면 고려는 군사적으로 강맹한 나라라는 느낌보다는 늘 국제 관계에서 판을 주도했던 나라라는 느낌이 강해요. 거란과 사대 관계를 맺을 때도 그렇고, 여진에 동북 9성을 반환할 때도 그렇고 져 주는 듯하면서도 이기는 느낌이 든다는 말이죠. 명분에 얽매이지 않고 자국에 이익이 되는 선택을 해내는 것이 존경심을 불러일으킵니다.

신병주 결과적으로 보면 지금의 함경도 일대를 차지한 것은 조선 시대의 일이에요. 윤관의 여진 정벌과 동북 9성 설치로 개척한 영토가 있었기 때문에 조선에서도 고토를 회복하겠다는 의지를 불태울 수 있었고, 6진을 충분히 개척할 수 있다고 판단했을 겁니다. 윤관의 동북 9성을 반면교사로 삼아서 좀 더 치밀하게 6진 지역을 개척했고, 이 지역을 반환하지 않고 관리할 수 있는 지혜까지 얻었죠. 그런 점에서는 윤관의 동북 9성 설치가 지금의 한반도 영토를 확보하는 데 가장 선구적인 개척 작업이었다고 할 수 있습니다. 또한 이 지역이 훗날 항일 독립운동에서 아주 주요한 전진기지가 되었다는 점까지 고려한다면 윤관의 동북 9성 개척은 역사적으로 상당한 의미가 있다고 볼 수 있습니다.

이윤석 그러니까요. 고려라는 나라는 무언가 하기만 하면 1000년을 내다보는 것 같아요. 서희는 1000년을 내다본 외교를 하고, 윤관은 1000년을 내다본 정벌을 하지 않았나 합니다.

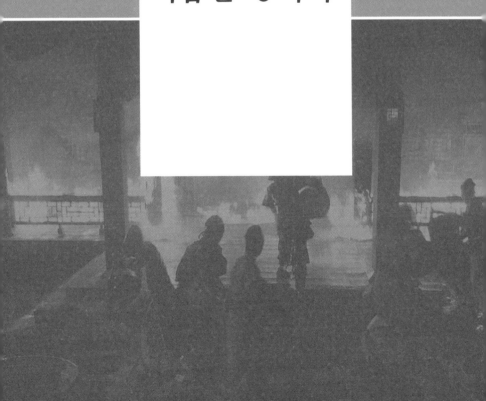

3

이자겸,
외손자에게
기습을 당하다

현종 때 형성되기 시작한 고려 귀족 사회는 장기간의 평화를 누리며 발전했다. 농업과 무역을 중심으로 경제가 발달했고, 고려청자를 비롯한 고급문화가 융성했다. 방송에서 다루지 않은 고려 문종 대(1047~1082)는 고려의 정치와 경제, 사회, 문화 등 모든 부문에서 완성기였고 안정기였다. 여기에는 동아시아의 평화도 한몫을 했다.

사회가 안정된 가운데 새로운 특권층으로서 문벌 귀족이 등장했다. 별다른 정치적 변란이 없었으므로 여러 대에 걸쳐 고위 관료를 배출하는 가문이 생겨났는데, 이들은 그러한 지위를 보장받기 위해 음서제를 활용했다. 음서란 5품 이상 관리의 자손에게 관직을 주는 것으로, 자기 능력으로 관직에 올라야 하는 수많은 사람과 비교할 때 엄청난 특혜였다. 5품 이상 관리의 자손은 음서를 통해 이른 나이에 관리가 되고 그 자신도 5품 이상으로 오를 가능성이 높았다. 따라서 관직이 사실상 세습되는 효과가 있었는데, 이렇게 해서 점차 소수의 가문이 고위 관직을 독점하고 자기들끼리 폐쇄적인 특권계층을 형성하였다.

이 특권계층을 귀족으로 부르는 데 관해서는 이론이 있다. 엄밀한 의미에서 귀족(aristocrat)이란 작위(공작(duke), 후작(marquis), 백작(count), 자작(viscount), 남작(baron))를 세습하는 것이 법제적으로 보장된 사람들을 가리키는데, 고려에서는 작위가 세습되지 않았고, 관직의 세습 또한 법제적으로 보장된 것은 아니었기 때문이다. 하지만 음서를 통해 고위 관직이 사실상 세습되었고, 이들을 지칭할 마땅한 이름을 찾기도 어려우므로 편의상 귀족이라고 하는 것이다.

문벌 귀족은 자기들끼리 혼인하면서 폐쇄성을 유지했다. 특히 왕실과의 혼인은 귀족의 지위를 보장받는 가장 확실한 방법이었다. 고려 시대에 왕실의 여자, 즉 공주들은 모두 종친과 결혼하는 족내혼을 했으므로 문벌 귀족들은 딸을 국왕 또는 왕자들과 결혼시켰다. 그것도 목종 때까지는 왕실의 근친혼이 대다수였는데, 현종 때 김은부의 세 딸이 왕비가 되면서 근친혼의 전통이 허물어지기 시작한 것이었다. 김은부에 이어 이자연의 딸 셋이 문종의 왕비가 되면서 인주 이씨가 두각을 나타냈다. 이자연의 손자인 이자겸에 이르기까지 인주 이씨는 왕실과의 혼인을 독점하다시피 하여 다섯 명의 국왕에게 열 명의 딸을 보냈다.

이자겸은 딸을 예종에게 들인 데 이어 그 딸이 낳은 인종을 왕위에 올리는 데 성공했다. 그리고 다른 두 딸을 인종과 결혼시킴으로써 왕의 외조부이자 장인이 되는 비정상적인 관계를 만들었다. 왕실과의 혼인을 독점하려는 욕심의 결과였다. 그리고 인종의 배후에서 정치권력을 장악했는데, 이러한 독주가 다른 문벌 귀족은 물론 인종의 반발을 불러일으켰다.

인종이 먼저 이자겸을 공격했고, 이자겸이 군사를 동원해서 반격했으며, 궁지에 몰린 인종이 왕위를 이자겸에게 물려주려 했으나 이자겸이 사양했다는 것이 이른바 '이자겸의 난'의 줄거리다. 그 어디에도 이자겸이 스스로 왕이 되기 위해 반란을 일으켰다는 증거가 없지만, 궁궐에 불을 지르고 왕을 핍박한 것 때문에 반란으로 인식되었던 것이다. 당시 퍼져 있던 '십팔자위왕(十八子爲王)', 즉 이씨가 왕이 될 것이라는 도참이 이자겸이 난을 일으켰다는 인식을 더욱 강화했다. 하지만 실제로는 국왕과 문벌 귀족이 이자겸 세력과 대립했던 것으로, 여기서 중요한 사실은 문벌 귀족 가운데서도 최고위 계층에서 분열이 일어났다는 점이다.

이자겸에게 1패를 당한 인종은 척준경을 끌어들여 이자겸을 제거하고, 다시 척준경을 제거하는 정치적 수완을 발휘한다. 그리고 얼마 뒤에는 묘청을 끌어들여 개경의 문벌 귀족을 견제하는데, 이렇게 보면 12세기 전반 정치의 주인공은 이자겸과 묘청이 아니라 인종이었는지도 모른다.

이자겸 안내서

이광용   여러분, 12세기에 강력한 권력을 손에 쥐고 고려를 통째로 뒤흔들었던 이자겸을 아십니까?

이해영   이자겸의 난, 학교 다닐 때 교과서에서 익히 잘 배웠고, 너무 잘 아는 이름이죠.

최태성   고려사를 공부할 때 왕건과 광종, 성종으로 첫 번째 부가 끝나고, 그다음에 문벌 귀족 사회의 모순으로 들어가면서 이자겸이 등장하죠.

이광용   맞습니다. 바로 그 이자겸입니다. 이자겸, 그는 누구인가? 고려 왕실 족보는 슈퍼컴퓨터가 와도 못 그릴 만큼 아주 복잡하다고 이익주 교수님께서 말씀하셨습니다. 이자겸의 집안도 엄청나게 복잡합니다. 간략하게 설명해 드리면 이자겸은 고려 제16대 왕 예종의 장인입니다. 그리고 제17대 왕 인종의 외할아버지이자 장인입니다. 게다가 인종에게는 딸을 무려 두 명이나 시집보냈습니다.

류근   정말 족보가 엄청 꼬였네요. 겹사돈은 들어 봤어도 겹장인은 처음인 거 같아요. 근데 그것도 무려 3겹장인이에요.

이광용   이자겸은 이런 혼인 관계를 통해 고려 역사상 전례가 없는 아주 강력한 세력을 가진 외척으로 등극했습니다. 그리고 그 힘을 등에 업고 왕을 몰아내기 위해 난을 일으킨 사람으로 알려져 있죠. 그런데 여러분, 이자겸이 정말 왕이 되기 위해 난을 일으킨 걸까요?

류근   그런 게 아니라면 굳이 난을 일으킬 이유가 뭐예요?

이해영   모름지기 왕을 몰아내고 자기가 왕이 되려고 일으키는 게 난 아닌가요?

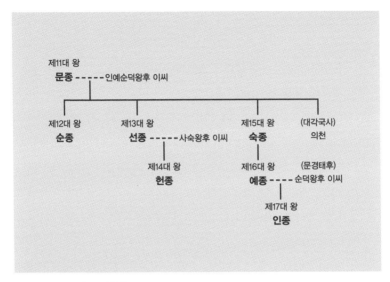

고려 왕가와 인주 이씨 가문의 혼인

이자연 묘지명 이자연은 김은부의 처조카로, 문종에게 딸 셋을 보내면서 인주 이씨 가문의 전성기를 열었다.

이광용　교과서에는 나오지 않는 진짜 이자겸의 난, 그날의 이야기를
　　　　바로 지금 시작합니다.

인종, 이자겸의 제거를 명하다

1126년, 고려의 제17대 왕 인종은
은밀하게 내시를 불러 이른다.

"이자겸과 그를 돕는 척준경을 제거하라!"

자신의 외할아버지이자 장인인 이자겸과
이자겸의 측근 척준경의 숙청을 명한 것이다.

인종의 명을 받든 신하들은
곧 군대를 일으켜 궁궐로 향했다.

그리고 척준경의 동생 척준신과
척준경의 아들 척순을 살해한다.

외할아버지 대 외손자, 장인 대 사위,
이자겸과 인종의 싸움이 시작된 것이다.

이자겸은 누구인가?

최원정   이자겸의 난이니까 이자겸이 왕을 쳐야 맞는데, 왕이 먼저 이자겸을 쳤어요. 어떻게 된 일이죠?

류근   "이자겸이 난을 일으키다."가 아니라 "인종이 친위 쿠데타를 일으키다."로 해야 정확한 게 아닌가 싶은데요.

이해영   일단 정리해 보면 외손자가 외할아버지를 쳤다는 얘기가 되는 거잖아요.

신병주   인종이 먼저 이자겸을 제거하려고 한 것은 분명한 사실입니다. 결과적으로 보면 이자겸은 외손자에게 공격받으니까 방어한 것인데, 교과서에는 이자겸의 난으로 쓰여 있는 것이죠.

이익주   보통 이자겸의 난이라는 명칭은 널리 알려져 있지만, 그 내용을 정확하게 아는 사람은 많지 않을 것 같습니다.

최원정   그러네요. 이자겸의 난, 교과서에 나오니까 단순히 암기만 했었는데 말이죠. 먼저 이자겸이라는 인물에 관해 알아보겠습니다.

최태성   이자겸의 본관이 어딘지 아십니까? 인주입니다. 인주 이씨죠. 인주가 어디냐면 지금의 인천이에요. 인주 이씨는 대대적으로 왕실과 혼인하면서 세력을 키워 나갔던 대표적인 외척 세력인데, 가계도를 보면 정말 복잡합니다. 순종, 선종, 예종, 인종에게 시집을 간 인주 이씨 집안의 딸이 총 열 명이나 됩니다. 그중에서도 제16대 왕 예종과 결혼한 사람이 이자겸의 둘째 딸 문경태후입니다. 그리고 둘 사이에서 태어난 태자가 바로 제17대 왕 인종이 되지요.

이해영   정말 인주 이씨 집안의 딸들이 대대로 왕들과 혼인했네요. 실세 중의 실세인, 진짜 '금수저' 집안인데, 거기에 이자겸은 왕의 외할아버지까지 됐으니, 정말 다 이루어서 더는 할 게 없을 것 같습니다.

이름	배우자	아버지	비고
인예순덕왕후	문종(고려 제11대 왕)	이자연(김은부의 처조카, 이지겸의 할아버지)	이자연의 첫째 딸
인경현비			이자연의 둘째 딸
인절현비			이자연의 셋째 딸
장경궁주	순종(고려 제12대 왕)	이호(이자연의 여섯째 아들, 이자겸의 아버지)	이자겸의 동생
사숙왕후	선종(고려 제13대 왕)	이석(이자연의 셋째 아들, 이자겸의 큰아버지)	
싱신현비		이예(이자연의 조카, 이자겸의 닥숙)	
원신궁주		이정(이자연의 첫째 아들, 이자겸의 큰아버지)	
순덕왕후(문경태후)	예종(고려 제16대 왕)	이자겸	이자겸의 둘째 딸
연덕궁주(폐비 이씨)	인종(고려 제17대 왕)		이자겸의 셋째 딸, 인종의 이모
복창원주(폐비 이씨)			이자겸의 넷째 딸, 인종의 이모

왕실과 혼인한 인주 이씨 가문의 여성들

신병주 　근데 이자겸은 인종의 외할아버지로 남는 것만으로도 만족하지 않습니다. 아까 그냥 겹장인도 아니고 3겹장인이라는 말까지 나온 것처럼, 두 딸을 인종에게 시집보냅니다.

이해영 　3겹장인이라고 하니까 이상해요. 왠지 냉동육 코너에서 만날 것 같은 느낌인데, 어쨌건 인종은 무슨 죄인가요? 두 명의 이모와 결혼해 버린 셈이잖아요. 이자겸은 무슨 생각으로 이렇게까지 무리해서 결혼을 시켰을까 하는 궁금증도 좀 생깁니다.

류근 　인종이 다른 가문과 결혼하면 새로운 외척이 생기잖아요. 그러면 이자겸으로서는 당연히 자기 세력이 약화하는 결과가 초래될 테니까, 정략적 계산을 한 게 아닐까 하는 생각이 들어요.

최원정 　외척 프리미엄은 나만 누리겠다는 심산이었군요.

이익주 　인종이 왕위에 오를 때 나이가 불과 열네 살이었습니다. 그래서 인종을 대신해 나이 많고 능력 있는 삼촌들, 즉 예종의 형제들이

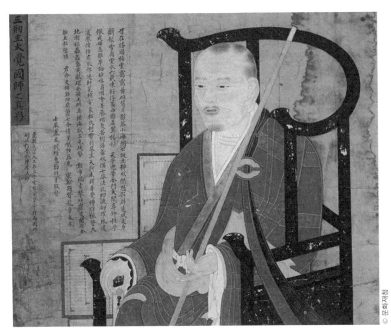

대각국사 의천 의천은 문종과 인예순덕왕후 사이에서 태어난 넷째 아들로, 천태종을 중심으로 고려 불교를 통합하고자 했다.

파주 용미리 마애이불입상 아들을 원한 원신궁주를 위해 선종이 세웠다고 전해진다.

왕위에 올라야 한다는 주장이 있었습니다. 하지만 이자겸이 자기의 어린 외손자를 왕위에 올리는 데 성공하죠. 어떤 의미에서 인종은 이자겸 덕분에, 외할아버지 덕분에 왕이 된 사람이라고 할 수 있습니다. 그래서 인종이 즉위한 다음에 이자겸이 정치권력을 장악합니다.

이자겸의 횡포

신병주 　이자겸의 권력이 얼마나 큰지 대표적으로 보여 주는 것이 거처의 명칭입니다. 자기 거처를 의친궁 숭덕부로 부릅니다. 궁궐이나 정부 부서라도 되는 양 부르면서 하나의 조정처럼 만들어 실제로 거기서 정사도 마음대로 했다고 하죠. 그리고 자기 생일을 인수절로 부릅니다. 생일에 절 자를 붙여 부르는 건 황제나 할 수 있는 일이었어요.

최원정 　왕이 엄연히 있는데, 신하로서 너무 기고만장한 거 아니에요?

이익주 　이자겸과 인종의 관계가 신하와 군주의 관계인지, 아니면 외할아버지와 외손자의 관계인지가 문제가 되고 논란이 일어납니다. 그런데 이자겸은 왕의 신하라기보다는 왕의 외할아버지로서 국정에 관여하는 행태를 보입니다.

최태성 　고려는 이제 호족의 시대에서 문벌 귀족의 시대로 진입한 상태입니다. 문벌 귀족 중에는 대를 이어 내려오면서 세력을 키운 귀족 가문이 많이 있는데, 그중에서 인주 이씨 집안은 힘이 엄청났죠. 인주 이씨 집안과 겨룰 수 있는 집안이 없어요. 있다면 유일하게 왕실 정도입니다. 그러니 인주 이씨 집안이 정말 기고만장했겠다는 생각이 드는데, 실제 기록에도 이렇게 나와 있습니다. "뇌물이 공공연하게 오가고 사방에서 선물이 모여들어 늘 수만 근의 고기가 썩어 나갔다."

이해영   아이고, 말려서 육포라도 만들지, 진짜 그 사람들 너무 못됐네요. 고기가 썩었다니 제 속이 다 상합니다.

이익주   이런 권력의 부패는 백성들이 토지와 말, 가축 같은 재산을 빼앗기면서 피해를 보는 일로 이어집니다. 그리고 이자겸 본인뿐 아니라 일가친척들까지도 전부 권력을 이용해 재산을 늘리려고 하죠.† 한 예로 이자겸의 어머니 김씨는 시장에 가서 안 팔려고 하는 물건을 강제로 사고, 제값을 전혀 쳐주지를 않고, 노비에게 횡포를 부리게 합니다. 그래서 이자겸의 어머니 김씨가 죽었을 때 상인들이 서로 축하했다는 기록이 있을 정도입니다.

류근   이쯤 되면 대대로 '금수저' 집안에다 나이 어린 왕의 외할아버지가 됐으니까 무서울 게 없을 것 같은데, 그 정도면 이자겸이 자연스럽게 왕 자리도 넘볼 수 있는 거 아닌가요?

이해영   근데 이미 인종보다 훨씬 더 강력한 권력을 누리니까 더 아쉬울 게 없지 않나요? 이자겸이 하는 걸 보니까 왕보다 더해요. 왕이 되건 안 되건 아무 의미가 없는 거 같아요.

류근   근데 권력이라는 것은 한번 맛을 들이면, 욕심이 생기기 시작하면 한도 끝도 없는 거잖아요. 그러니까 이쯤 되면 이자겸은 내가 왕이 되면 정말 명실상부하고 강력한 왕권을 누릴 수 있겠다고 생각했을 가능성도 있다는 거죠.

최원정   과연 이자겸이 왕의 자리를 꿈꿨을까요? 어쩌면 이자겸의 야욕이 담겨 있을지도 모르는 미스터리한 현장으로 가 보겠습니다.

왕(王) 자의 미스터리

이광용 이자겸에게 얽힌 미스터리를 파헤치기 위해 명탐정 이윤석이 나섰습니다! 그 현장을 제가 중계해 드리겠습니다.

이윤석 지금 저는 원주의 한 마을에 나와 있습니다. 이곳에는 이자겸의 야욕을 드러내는 아주 미스터리한 거북이가 있다고 합니다. 과연 그 실체가 무엇인지 제가 알아보겠습니다.

이광용 과연 명탐정 이윤석은 미스터리한 거북이의 실체를 알아낼 수 있을까요? 먼저 인근 마을 주민을 만나 이야기를 들어 보겠습니다.

이윤석 이 동네에 아주 오래되고 유명한 절터가 있다고 들었거든요?

이민휘 바로 이 앞에 있는 법천사입니다. 거북이 등 위에 임금 왕 자를 새겼다는 얘기가 있어요.

이광용 거북이에게 임금 왕 자가 있다고요? 정보 입수 완료입니다! 이제 확인만이 남았습니다. 거북이가 있다는 옛 절터, 법천사지에 도착한 명탐정 이윤석. 드디어 비석을 받치고 있는 거북이를 발견했습니다! 정말 거북이에게 임금을 상징하는 왕 자가 있을까요?

이윤석 어? 어! 왕 자다! 드디어 왕 자를 발견했습니다. 아주 빽빽하

원주 법천사지 지광국사탑비 기단부에는 임금 왕 자가 새겨져 있다.

게 왕 자가 들어차 있습니다.

이광용   거북이 등에 선명하게 새겨진 임금 왕 자. 왕실이 아닌 사찰에
서 누가 무슨 이유로 왕 자를 새긴 걸까요? 왕 자를 품은 거북
이의 정체는 바로 고려 지광국사의 부도를 모신 현묘탑비라
고 합니다. 지광국사는 이자겸 할아버지의 매제로, 인주 이씨
와 밀접한 관계를 맺고 있다는데요. 그렇다면 거북이 등 위의

왕 자는 무엇을 의미하는 걸까요? 박광식 학예 연구사님을 모시고 이야기를 들어 보겠습니다.

이윤석 그런데 도대체 왜 거북이 등에 왕 사를 새긴 겁니까?

박광식 일반적으로 비석에서 받침 부분을 귀부라고 하는데, 귀부에는 불교를 상징하는 만 자를 많이 씁니다. 그런데 법천사에 있는 지광국사탑비는 조금 특이한 양상을 가지고 있습니다. 이씨가 왕이 된다는 설을 인주 이씨들이 신봉했고, 특히 이자겸이 보시다시피 거북이에 자기가 왕이 되겠다는 소망을 가득 새겨 넣었다는 얘기도 전해지고 있습니다.

이광용 국보 제59호 법천사 지광국사현묘탑비의 귀부 위에 새겨진 왕 자의 진실은 무엇일까요?

이윤석 저 딱딱한 돌에 왕 자를 새기면서 무슨 생각을 했을까요? 이자겸은 과연 왕이 되려는 야심을 품고 있었을까요?

이자겸, 왕위를 탐하다?

최원정 거북이 등에 있는 왕 자는 어떻게 된 겁니까?

이해영 처음에 왕 자가 있다는 얘기만 들었을 때는 왕 자 하나 정도만 새겨져 있을 줄 알았는데, 이렇게 다 왕 자로 덮어 놓았을 줄은 몰랐습니다. 매우 기이한 느낌이 드네요. 역설적으로 '설마 진짜 왕이 되고 싶은데 저렇게까지 도배해 놓았을까?'라는 생각이 들고요.

류근 그만큼 이자겸이 힘이 있었다는 걸 과시한 거죠. 노골적으로 "나왕 될 거야."라고 선전포고하는 듯한 느낌이 오지 않습니까?

이해영 오히려 이렇게 볼 수 있지 않을까요? 정말 착한 해석을 하자면 "왕명을 고귀하게 등에 짊어지듯이 받들어서 묵묵히 앞으로 정진해 충성을 다하겠다."라는 식으로요.

류근   누가 봐도 상서롭지 않은 조짐 같아 보이잖아요. 왕이 되겠다는 야욕 같은 게 느껴지지 않습니까? 저 왕 자로 도배된 거북이 등을 딱 보는 순간 전율을 느꼈습니다. 저는 저런 귀부를 처음 본 거 같아요.

신병주   왕 자를 저렇게 여러 개 새길 수 있었던 가장 중요한 이유 중 하나는 왕 자가 새기기 쉬워서입니다.

류근   근데 저렇게 촘촘히 새기기는 쉽지 않을 거 같아요.

신병주   그래도 다른 어려운 글자에 비하면 쉽죠. 용 룡(龍) 자를 새긴다고 생각해 보세요. 저렇게 많이 못 새깁니다.

이익주   저 귀부에 있는 왕 자 때문에 인주 이씨와 관련해 이야기가 전해지는 건 사실입니다. 그런데 이 비석이 세워진 시기는 1085년입니다. 인주 이씨가 외척으로 있던 시기와는 일치하는데, 정작 이자겸이 외척이 됐을 때와는 40년 정도의 시차가 있습니다. 따라서 법천사의 임금 왕 자와 이자겸을 직접 연결하는 것은 다소 무리가 있어 보입니다.

류근   잠깐만요. 이자겸이 아닐 수는 있어요. 하지만 인주 이씨 가문 차원에서 왕씨의 나라가 아니라 인주 이씨의 나라를 꿈꿨던 것은 아닐까요? 왕을 배출하는 게 인주 이씨 집안의 오랜 숙원이었다는 이야기입니다. 미국의 케네디 가문처럼 말이죠. 정략적으로 왕실에 딸들을 계속 시집보내잖아요. 정치적 야심을 품고 언젠가는 왕이 되겠다는 꿈을 저 비석을 세웠을 때부터 꿨던 것이 아닐까요?

이해영   이자겸 개인이 아니라 인주 이씨 가문의 야심일 수도 있겠네요. 근데 왜 하필 절에 이런 비석을 세웠을까요?

이익주   고려 시대의 절은 단순히 불공을 드리는 곳이 아닙니다. 절에 경제력이 집중돼 있죠. 그래서 많은 사람이 자기 절을 세우고, 그

청평사지 청평사는 광종 때 창건된 절로, 문종 때 이자연의 아들인 이의가 중건했다.

절에 자기 재산을 모두 모아 주는 경향이 있습니다. 또 한 가지 더 살펴보면 절은 승병을 통해 자기 집안의 군사력을 키울 수 있는 대단히 특별한 장소입니다. 따라서 고려 시대의 절을 단순히 지금과 같은 종교 시설로만 볼 수 없는 특별한 사정이 있습니다.

류근　그럼 더 단순하지 않은 게, 말 그대로 정치와 종교가 한데 어우러진 거잖아요. 그런 상황에서 인주 이씨와 밀접한 관계를 가진 법천사에 있는 비석에 의문의 왕 자가 저렇게까지 새겨져 있다는 것은 인주 이씨가 왕위를 탐했을지도 모른다고 추론할 수 있게 한다는 생각이 듭니다.

신병주　류근 시인의 의견에 어느 정도 힘을 보태 주자면 『고려사』에도 나오는 내용인데, 바로 이 무렵에 십팔자위왕설(十八字爲王說)이 유행하기 시작합니다. 십팔자를 한자로 연결해 한 글자로 합치면 무슨 자가 되죠? 이(李) 자가 됩니다. 이렇게 이씨가 왕이 된다는 일종의 예언인 도참설이 유행하면서 이자겸도 힘을 얻어 인종을 독살하려 했다는 이야기가 성립되죠.

최태성   기록을 보면 이자겸이 인종에게 독이 든 떡을 바쳤대요. 그 사실을 안 인종의 아내, 그러니까 이자겸의 넷째 딸이 그 독이 든 떡을 까마귀가 먹게 해 위기를 모면했다는 이야기가 있습니다. 그리고 이자겸이 딸을 시켜 독을 탄 사발을 인종에게 갖다 바치게 했는데, 딸이 독약이 든 것을 알고 가면서 일부러 엎질렀다는 이야기도 있습니다.

류근   그 이야기들이 사실이라면 이자겸이 왕위를 노린다는 사실이 정말로 확실한 거 아니에요? 다른 뜻이 없었다면 왕을 왜 굳이 독살하려고 했겠어요? 그것도 사위이자 외손자인데 말이죠.

이해영   근데 이야기에 까마귀가 나오는 걸 보니 약간 비현실적인 설화처럼 여겨져서, 기록에 있다고는 해도 다 믿을 만한 이야기는 아닌 거 같아요. 결과론적으로 꾸며 놓은 이야기 같습니다.

이자겸의 권력

최원정   이자겸이 쥐었던 그 힘과 권력은 어느 정도였나요?

최태성   인종이 즉위한 후에 이자겸이 받은 작위 중 몇 개의 이름을 제가 한번 읽어 볼게요. 좀 깁니다. 동덕공신, 추성좌리공신, 협모안사공신, 양절익명공신, 수태사 중서령, 영문하상서도성사 판이병부 서경유수사, 조선국공입니다. 여기에 식읍 8000호와 식실봉 2000호를 더하고요.

류근   숨 좀 쉬세요. 이제 다 읽은 건가요? 듣다가 질식할 뻔했어요.

이해영   와, 이게 이자겸이 지낸 벼슬들 이름이라고요? 이거 외울 수나 있나요? 다 부를 수는 없잖아요.

최원정   진짜 얼굴이 시뻘개졌네요. 고려 시대의 관직명이 원래 이렇게 긴가요?

이익주   고려 시대라는 점을 고려할 필요가 있습니다. 예를 들어 조선 시대에는 영의정이 되면 자동적으로 겸하는 관직이 많습니다. 하지만 그 관직들은 쓰지 않고 영의정이라는 관직 하나만 표기합니다. 반면에 한 사람이 여러 관직을 겸하는 일이 많은 고려 시대에는 관직이 대표 관직에 자동적으로 따라오는 것이 아니라 하나하나 주어집니다. 그러다 보니 관직을 표기할 때는 겸하는 모든 관직을 적습니다. 그래서 이렇게 긴 관직 이름이 나오는 겁니다.

신병주 그러다 보니 영의정이나 우의정 같은 조선 시대의 관직은 잘 알려져 있는데, 고려 시대의 관직은 이름만 보면 무슨 일을 하는 직책인지 모르고 눈에 잘 안 들어오죠. 그런데 조선 시대에도 가끔은 긴 관직 이름이 나옵니다. 대표적으로 계유정난 직후인 1454년에 수양대군이 단종에게 엄청나게 많은 관직을 부여받습니다. 의정부의 최고 책임자인 영의정부사, 경영관과 서운관의 최고 책임자인 영경영서운관사, 이조와 병조의 판사인 판이병조사를 지내죠.

이해영 그래도 이자겸에 비하면 깔끔하네요.

이익주 이자겸이 받은 관직 이름이 긴 것은 정확히 말하면 앞에는 공신의 호칭이고, 그다음은 이자겸이 겸한 관직이며, 마지막에는 식읍까지 포함했기 때문입니다. 그 긴 이름 가운데서 핵심이 되는 것은 판이병부사라는 관직입니다. 이부와 병부의 최고 책임자인 판사라는 벼슬인데, 이부의 판사가 되면 문신 관료에 관한 인사권을 장악하고, 병부의 판사가 되면 무신 관료에 관한 인사권을 장악합니다. 따라서 판이병부사라는 관직을 통해 모든 관리에 관한 인사권을 장악한 권력자가 된 것입니다.

류근 상징적이네요. 수양대군도 판이병조사에 올랐었잖아요. 권력의 실세가 가지는 요직이라는 뜻이겠네요.

신병주 인종과 이자겸의 갈등 관계가 심화한 대표적인 사례가 있습니다. 이자겸이 스스로 지군국사라 칭하고, 인종이 직접 와서 그 작위를 내리라면서 언제 와야 하는지 시간까지 정해 줍니다. 이 일을 계기로 인종도 이자겸에게 상당히 반감을 품습니다.†

최태성 인종이 열네 살에 왕위에 올랐잖아요. 시간이 흘러 1126년이 되면서 열여덟 살이 된 인종이 신임하는 몇몇 신하를 불러 모아 놓고 "이자겸의 횡포가 도를 너무 지나쳤다. 이자겸을 제거해야 할 텐데, 어떻게 생각하느냐?"라고 물어봅니다.

류근 인종이 이자겸을 제거하려고 결심한 거네요. 이제 열네 살이 아니라는 거죠.

이해영 딱 열여덟 살, 이 나이가 건드리면 정말 무섭게 변하는 나이죠. 그래서 신하들은 어떤 묘수를 내놓았나요?

최태성 기록에 의하면 다음과 같이 말합니다. "폐하, 이자겸의 무리가 조정에 가득하여 경솔하게 움직일 수 없으니, 부디 때를 기다리시옵소서."

최원정 그러면 열여덟 살의 인종은 어떤 선택을 하게 돼요?

이익주 인종은 자기 뜻을 굽히지 않습니다.

류근 인종이 세게 나오네요.

이익주 자기 주변에 있는 몇몇 사람에게 이자겸을 공격하게 합니다. 이런 인종의 선제공격이 처음에 본 대로 이자겸의 난이 일어나는 발단이 됩니다.

최원정 드디어 이자겸의 난, 그 서막이 시작됐습니다. 인종은 과연 이자겸을 제압하고 왕의 권위를 되찾을 수 있을까요? 현장으로 가 보겠습니다.

고려 뉴스: 이자겸과 척준경의 역공

이광용   1126년 2월 25일, 「고려 뉴스」입니다. 저는 지금 인종과 이자겸의 싸움이 진행되는 현장에 나와 있습니다. 간밤에 왕실 부대가 이자겸의 측근인 척준경의 동생과 아들을 죽였다는 소식이 전해졌는데, 이 소식을 들은 이자겸과 척준경이 군사를 동원해 반격에 나섰고, 현화사의 승려 300여 명이 합세해 궁궐을 포위한 상황입니다.

류근   인종 측이 공격하러 갔다가 오히려 역공당하는 중이네요.

궁인   불이야! 불이야!

병사   궁궐 안에서 나오는 이는 모두 죽여라!

이광용   이게 지금 무슨 일인가요? 가족들의 죽음에 분을 참지 못한 척준경이 궁궐에 불을 지르고 눈에 보이는 사람을 닥치는 대로 베고 있습니다.

최원정   그러면 이자겸을 죽이라고 지시했던 인종은 어떻게 됐어요?

이광용   궁궐이 화염에 휩싸이자 인종은 후원으로 간신히 도망쳤다고 합니다. 하지만 인종을 모시던 신하가 한 10여 명밖에 살아남지 못했다고 합니다.

최태성   아이고, 인종으로서는 정말 위기네요.

이광용   어? 말씀드리는 순간 속보가 도착했습니다. 신변의 위험을 느낀 인종이 이자겸에게 왕위를 넘긴다는 의사를 내비쳤다고 합니다. 이자겸을 치려다가 되레 수세에 몰리면서 왕 자리까지 내주게 생겼네요. 고려 제17대 왕 인종의 운명은 이대로 끝나는 걸까요?

이자겸, 왕위를 거절하다

최원정 상황이 매우 급박하게 돌아가고 있습니다. 왕위까지 내주겠다고 하는 걸 보면 이자겸을 치려던 인종이 실패한 거잖아요.

최태성 그렇게 되면 왕조가 바뀌는 거죠.

류근 근데 고려에 왕씨가 아닌 사람이 왕이 됐다는 얘기는 들어 본 적이 없다는 말이죠. 왕조 교체는 안 된 것 같습니다.

이익주 『고려사』 기록에 의하면 인종이 왕위를 넘긴다는 조서를 내리자, 이자겸이 받으려고 합니다. 그런데 많은 신하가 아무도 말을 못하는 상황에서 이수라는 사람이 일어나 "이런 조서를 왕께서 내렸으나, 어찌 그것을 받을 수 있겠습니까?"라고 했다는 겁니다. 그러자 이자겸이 아차 싶어 왕에게 조서를 돌려주고 "신은 두 마음을 품지 않았으니 깊이 헤아려 주십시오."라고 말하면서 눈물을 흘렸다고 기록돼 있습니다.

류근 도대체 이 눈물의 의미는 뭐예요? 악어의 눈물 같지는 않고, 눈앞까지 왔던 왕좌를 놓쳤기 때문에 아까워서 진심으로 흘린 눈물 같은데요. 근데 이자겸은 궁궐까지 공격해 놓고서는 왕이 될 기회를 왜 스스로 내쳤을까요?

이해영 앞의 이야기를 쭉 듣다 보니까 이자겸은 눈치를 보거나 남을 신경 쓰지는 않을 거 같고, 역시 그냥 처음부터 왕이 될 생각이 별로 없었던 사람이 아닌가 해요. 난을 일으킨 것도 사실은 이자겸이 먼저 공격한 게 아니잖아요. 인종이 먼저 공격해 오니까 자기를 보호하는 차원에서 역습했던 것뿐이고요. 이미 왕 못지않은

삶을 누리니까 별로 바랄 게 없는 사람이 아니었나 하는 생각이 좀 듭니다.

신병주 위협을 느낀 인종이 왕위를 넘겨주겠다는데 이자겸은 오히려 사양하죠. 이런 사례를 보면 정말 이자겸이 꼭 왕이 되려고 했냐는 부분에 관해서는 상당히 의심할 부분도 분명히 있습니다. 그래서 이자겸의 난이라는 것 자체가 뭔가 실체가 없죠.

류근 정당하지 않은 방법으로 왕위를 찬탈하는 것에 관한 부담이 있지 않았을까요? 주변에서 쏟아지는 비난의 눈길이 두려웠을 거라는 생각이 들어요.

이해영 근데 비난을 두려워했다고 하기가 어려운 게, 그간 권력을 누리면서 보여 준 삶의 행보들이 너무 거침없었잖아요.

류근 왕위라는 것은 그야말로 스스로 오르는 자리라기보다는 명분이 정말 중요한 자리잖아요.

이해영 이자겸 정도로 권력을 휘두른 사람이었다면 명분 정도는 쉽게 만들 수 있지 않았을까요?

신병주 예를 들어 보죠. 조선의 태조 이성계도 권력을 거의 잡은 수준인 상황에서 공양왕이 왕위를 양보해도 일단은 거절합니다. 그런데 사람들이 계속 이성계의 집까지 찾아와서 왕위에 오르라고 독촉하니까 마지못해 수락하는 모양새를 취하지요. 그런데 이자겸에게는 왕위를 한 번 사양했을 때 적극적으로 다시 권하는 사람들이 없었습니다. 다들 가만히 있죠. 지지 세력을 확보하지 못한 겁니다.

최원정 몇 번 더 권했으면 받아들였을 텐데, 더는 권하지 않아서 운 건가요?

최태성 이성계는 당시 어지러운 나라의 질서를 바로잡으려는 인물인 데 반해, 이자겸은 부정부패한 모습을 많이 보여 준 인물이기 때문

만월대에서 출토된 기와 만월대는 고려의 정궁이 있던 터로, 이자겸의 난 등 여러 차례 전란을 겪으며 소실되었다.

에 이성계와는 달리 지지 세력들이 있을 수가 없죠. 그런데 이자
겸이 왕위를 받지는 않았다고 해서 인종이 자기 왕권을 원래대
로 다시 찾은 것은 아니었습니다. 궁궐이 불타 버렸으니까 살 곳
이 없잖아요. 그래서 이자겸의 사저로 들어갑니다.

최원정 지금 거기 들어가면 호랑이 굴로 들어가는 꼴 아닌가요?

최태성 인종이 내켜서 들어갔을까요? 아마 이자겸이 자기 집으로 들어
와서 살라고 했을 겁니다. 갈 데도 없고, 행동거지며 음식이며
하나하나 다 이자겸과 그 측근들에게 감시받는 상황이니 얼마나
힘들었을까요? 실제로 인종이 그때 "하늘이시여, 어찌 나를 이
렇게 만드셨습니까?"라며 통곡하는 장면도 기록에 나와요.

제3의 인물, 척준경

류근　근데 얘기하다 보니까 이자겸과 인종 사이에 척준경이 대단히 중요한 인물로 대두되잖아요. 이자겸을 제거하려 할 때도 먼저 척준경을 공격했다는 말이에요. 이쯤 되면 척준경에 관한 설명이 필요할 거 같은데요.

이익주　척준경은 고려 시대 때 곡주라는 곳의 향리 아들이었는데, 기록에 따르면 "집이 가난해 공부를 하지 못하고 무뢰배들과 어울렸다."라고 돼 있습니다. 그러다가 윤관을 따라 여진과의 전쟁에 참전해 윤관을 위기에서 구하는 공을 세웁니다. 그래서 윤관이 척준경에게 "내가 너를 아들처럼 대할 테니, 너도 나를 아버지처럼 대하라."라고까지 했죠. 그 공으로 아주 고속으로 승진하고, 이자겸의 아들과 척준경의 딸이 결혼합니다. 그러면서 자연스럽게 이자겸과 정치적인 행보를 같이한 것으로 보입니다. 고려 시대에는 조선 시대와는 조금 다르게 부자간 또는 형제간의 정치세력이 규합되는 것보다 이렇게 사돈 간의 정치 세력이 규합되는 경우가 많습니다.

류근　느낌이 신라의 김유신과 김춘추의 만남 같아요. 김유신의 군사적 지원을 받으면서 김춘추가 진골 출신으로는 최초로 왕이 되는 거 아닙니까? 고려판 무신과 왕실 인물의 만남인데, 결과가 참 궁금해지는군요.

최원정　그렇다면 이자겸과 척준경은 어떨까요?

이자겸 아들의 종과 척준경의 종이 싸우다

1126년, 이자겸의 아들 이지언의 종과
척준경의 종 사이에 다툼이 일어난다.

"너희 주인이 임금이 있는 곳에 활을 쏘고,
궁궐을 불태웠으니 그 죄는 죽어 마땅하다.
너 또한 관노가 되어야 할 것이다!"

이지언의 종이 척준경을 비난한 것이다.

소식을 듣고 분노가 치민 척준경은
화해하자는 이자겸의 요청에도
꿈쩍하지 않고 버틴다.

이자겸과 척준경,
두 사람 사이에 갈등이 시작된 것이다.

이자겸 대 척준경

최원정   정치적 파트너로써 매우 돈독해 보이던 두 사람이 종들의 싸움 때문에 틀어졌습니다.

류근   애들 싸움이 어른들 싸움 된다더니, 정말 종들 싸움이 상전들 싸움이 되어 버렸네요.

신병주   『고려사』 등의 기록에는 종들의 싸움이 비화된 걸로 나오지만, 사실은 이자겸이 같이 궁궐에 불을 질러 놓고는 모든 책임을 척준경에게 돌리는 분위기가 지속되면서 두 사람의 갈등이 아주 심해졌다는 것을 종들의 싸움으로 표현했다고 보아야 할 것 같습니다.

류근   척준경은 정말로 화가 날만 해요. 척준경은 아들과 동생까지 잃었잖아요. 게다가 이자겸을 지키려고 궁궐을 불태운 건데, 그 죄를 척준경에게만 뒤집어씌우고 책임을 물으니까 진짜 화가 날만 하죠.

이익주   사실은 이 무렵의 갈등에 인종의 역할이 있습니다. 인종이 이자겸과 척준경 사이에 틈이 있다는 것을 알고 그 틈을 비집고 들어가죠. 그래서 몰래 척준경에게 사람을 보내 과거에 척준경의 아들과 동생을 죽인 것을 사과하면서 척준경을 이용해 이자겸을 공격하려고 합니다.

최원정   이자겸의 인질이나 다름없던 인종이 다시 움직이기 시작하는 거잖아요. 이야기가 재미있어지는데요.

최태성   인종, 이 젊은 친구가 무서운 사람입니다. 그래도 열여덟 살이면 아직 어린 나이일 수 있잖아요. 그런데 척준경에게 아주 은밀히 편지 한 통을 띄웁니다. 그 편지에 이런 내용이 있어요. "오늘 밤에 나를 해치려는 무리들이 침전에 든다고 한다. 태조가 창업한 이래, 여러 임금의 시대를 거쳐 짐의 몸에 이르렀는데, 만약 왕조가 바뀐다면 진실로 재상과 대신이 부끄러워해야 할 일이다."
이 말인즉슨 "오늘 이자겸이 쳐들어온다는데, 척준경 네가 나를 못 지키면 너는 부끄러운 사람이 되는 거야."라는 뜻이죠.

이해영 척준경의 마음을 제대로 건드렸네요.

최태성 그러니까 척준경이 이자겸과의 갈등으로 괴로워하는 상황이었는데, 인종이 명분을 던져 준 겁니다.

류근 인종의 편지 내용이 회유라기보다는 "왕조가 바뀌면 내 잘못이 아니라 척준경 너의 잘못이야."라고 거의 협박하는 수준이에요.

이해영 척준경 같은 사람에게 어떤 언어로 이야기해야 반응이 올지를 아는 거죠. 촉이 정말 좋은 거 같아요. 근데 편지 내용을 보면 이자겸이 인종을 치려고 침전에 들려고 한다는 부분이 있잖아요. 이게 어떻게 사실일 수가 있죠? 왕위를 내준다고 해도 안 받은 이자겸인데, 앞뒤가 안 맞잖아요.

류근 인종이 척준경을 포섭하고 있다는 것을 이자겸이 눈치를 채고 인종을 먼저 치려고 했던 것이 아닐까요? 실제로 척준경이 인종 쪽으로 넘어가면 이자겸에게는 치명적인 위기가 닥칠 수밖에 없어요.

이해영 그걸 알기 때문에 인종이 척준경을 자기편으로 끌어들이려고 수를 쓴 게 아닐까요? 쉽게 말하면 거짓말을 하면서 누구 편에 설지 빨리 결정하라고 압박한 거죠.

최원정 이야기가 되네요. 매우 예리한 추론입니다. 교수님, 어떻게 생각하세요?

이익주 기록을 가지고 보면 이자겸이 침전을 공격할 것이라는 사실을 인종이 어떻게 알았는지, 또한 실제로 이자겸에게 그런 계획이 있었는지 등은 알 방법이 없습니다. 인종의 말만 가지고 침전 공격 계획이 있었다고 되어 있는데, 그렇다면 인종의 의도를 한 번

쯤 의심해 볼 만한 여지는 충분히 있습니다.

신병주 이자겸이 인종을 칠 것이라는 서신을 받은 척준경은 결국 인종의 편에 섭니다. 한때는 동지였던 이자겸을 배신하고 왕을 따르는 거죠. 그러고는 갑옷으로 무장하고 부하들을 이끌고 인종을 호위하며 달려가는데, 이자겸의 부하들이 활을 쏘았다고 합니다. 그런데 척준경이 대단한 게, 화살에 잘 안 맞는 모양이에요. 오히려 영화의 한 장면처럼 칼을 휘두르니까 활을 쏘는 사람들이 다 달아났다고 합니다. 그리고 척준경이 크게 호령하자 감히 대적하는 사람이 없었다고 기록되어 있습니다.

최태성 척준경의 기세가 엄청나게 대단했던 거죠. 그러니까 이자겸도 포기합니다. 군사력을 쥔 척준경이 인종 편에 붙었으니 상대가 안 되겠다고 판단한 거죠. 결국은 그 날고 긴다는 이자겸이 소복 차림으로 왕 앞에 나섭니다.

류근 죄를 청하는 장면이네요. 인종에게 놀랐어요. 이자겸과 척준경 사이에 생긴 미묘한 틈을 파고들어 활용해 척준경을 해결사로 앞세웠다는 거 아닙니까? 마냥 어리고 힘없는 왕인 줄로만 알았는데, 뒤에서 이런 묘수를 부릴 줄 누가 알았겠습니까? 인종의 재발견입니다.

최태성 발단은 종들의 싸움이었잖아요. 근데 참 우연적인 요소란 말이죠. 이런 우연적인 요소들이 역사의 한 장면을 바꿔 놓는 절묘한 모습이 나타났는데, 더 중요한 건 뭐냐면 그 우연적 요소에는 바로 문벌 귀족 사회의 모순이라는 필연적 요소가 들어가 있다는 얘기죠. 우연과 필연의 협업이 만들어 낸 기막힌 역사 속 한 장면의 전환, 아주 재미있습니다.

류근 서양에서는 찰스 다윈의 책 『종의 기원』[1]이 역사를 바꿨다고 하는데, 우리나라에서는 종의 싸움이 역사를 바꿨어요.

굴비 산란기 때 잡아 말린 참조기를 가리켜 굴비라 한다.

이자겸의 몰락

최원정　그러네요. 정말 반전에 반전을 거듭하는 이야기들인데, 그러면 이자겸은 어떻게 되나요?

이익주　이자겸 본인은 물론 처와 아들들, 그리고 이자겸 편에 섰던 사람들이 모두 유배당합니다. 특히 인종에게 시집을 갔던 두 딸은 모두 쫓겨납니다. 이자겸은 지금의 전라남도 영광으로 유배되는데, 그곳에서 그해 12월에 숨을 거둡니다.

류근　근데 제가 인터넷에서 이자겸을 검색해 봤더니 아주 재미있는 연관 검색어가 나와요. 영광 굴비가 나오더라고요. 깜짝 놀랐어요. 이자겸이 영광에서 말린 생선을 맛있게 먹고 난 다음에 비록 귀양을 온 몸이지만 뜻을 굽히지 않겠다는 뜻에서 그 이름을 지어 줬다는 겁니다. 그 생선이 바로 영광 굴비고요. 굴비가 한자로 굽힐 굴(屈) 자에 아닐 비(非) 자래요.

최원정　"난 비굴하게 굽히지 않겠다."라는 뜻이에요?

류근　그래서 굴비라는 이름을 보면 끝까지 재기를 꿈꾼 것 같습니다.

신병주 이자겸이 영광으로 귀양 간 것은 분명하고, 굴비의 원재료인 조기도 이때는 이미 상당히 유행했을 거예요. 조선 초기의 문헌인 『신증동국여지승람』[2]을 보더라도 조기가 특산품으로 나오거든요. 왕실에 진상도 할 정도로 유명한 생선이다 보니까, 이자겸처럼 중앙에서 아주 비중이 있는 인물이 와서 특산품인 조기를 말려 먹었을 수도 있습니다.

최원정 결국 척준경이라는 인물은 한때 반란의 주동자였는데, 이제는 공신이 된 거예요. 그러면 왕의 총애를 받으면서 승승장구할 일만 남은 건가요?

이익주 물론입니다. 이자겸을 몰아낸 다음에 척준경이 아주 긴 이름의 관직을 받습니다. 하지만 훗날 시로 유명해지는 정지상이라는 사람에게 탄핵을 받기 시작합니다. 정지상은 시인이라 그런지 탄핵도 시처럼 하죠. "5월지사는 일시지공이요(五月之事一時之功), 2월지사는 만세지죄이다(二月之事萬世之罪)." 5월에 이자겸을 몰아낸 일은 한때의 공이지만, 2월에 궁궐을 공격했던 일은 만세의 죄라는 뜻입니다. 그래서 척준경이 결국은 처벌을 받는데 엄타도라는 섬으로 유배되었다가 얼마 뒤에 고향인 곡주로 옮겨집니다. 고려 시대에는 이렇게 고향으로 옮겨지는 것을 귀향이라고 해서 아주 엄한 형벌로 간주합니다. 고향으로 돌아가는 대신에 앞으로 더는 관직 생활을 할 수 없게 하는 형벌인 것이죠. 이 귀향이 조선 시대로 들어가서 귀양이라는 말로 바뀌고요. 또한 인종은 이자겸과 척준경의 죄상을 낱낱이 기록해서 후세에 전하도록 명령을 내립니다.

류근 기록에 남기는 것만큼 무서운 게 없는 건데, 인종이 뒤끝이 있네요. 왕을 가까이한 결과가 토사구팽이에요. 정말 인종의 재발견입니다.

이해영   이자겸의 난이라는 말이 정말 익숙하잖아요. 이자겸이라는 단어와 난이라는 단어는 늘 함께 있었으니까 당연하게 여겼는데, 이번에 이야기를 듣다 보니까 이 사건을 정확히 표현하려면 이자겸의 난이 아니라 인종의 이자겸 숙청기로 표현해야 할 것 같습니다.

류근   인종이 이자겸을 숙청하기는 했지만, 이자겸과 척준경이 역습하면서 궁궐에 불을 지른 것은 난이 맞죠.

최태성   우리가 역사는 승자의 기록이라는 말을 많이 하잖아요. 그 말을 가장 잘 보여 줄 수 있는 몇 개의 사례 중 하나가 바로 이 이자겸의 난이죠. 이자겸의 난이라고 해서 이자겸이 일으킨 줄 알았는데, 들여다보니까 아니라는 겁니다. 인종이 먼저 공격했잖아요. 그러니까 인종이 승리자로서 자기가 한 선제공격에 정당성을 부여하기 위해 이자겸의 난으로 규정한 것이야말로 승자의 기록이 무엇인지 보여 주는 좋은 사례가 아닐까 하는 생각이 드네요.

신병주   이자겸의 난으로 불러도 이자겸이 별로 반론을 펼칠 수가 없는 게, 『고려사』에도 기록될 정도로 엄청난 부정부패를 저질렀다는 점 때문이죠. 뇌물을 받으면서 이른바 권력형 부정 축재를 한 이자겸은 이자겸의 난이라는 이름에 어울리는 부정적인 이미지와 불명예를 감수할 수밖에 없다고 강조하고 싶습니다.

류근   권력은 해와 같아서 가까이 가면 타 죽고 멀어지면 얼어 죽는다는 말이 있잖아요. 자명한 것은 썩은 해는 빛날 수도 없고 그런 해는 존재할 수도 없을뿐더러, 결국 부패한 권력은 반드시 망한다는 것을 알았으면 좋겠다는 생각이 들었어요.

이익주   고려 시대의 역사를 지금까지 정리해 보면 태조에서 목종까지 호족의 시대가 있었고, 현종에서 시작되는 문벌 귀족의 시대가 있습니다. 이 문벌 귀족의 시대가 인종 대에 이르러 왕과 대표적인 문벌 귀족의 분열과 대립으로 모순을 드러낸 것이죠. 이때부터 고려 사회가 지배층 내부에서 분열을 거듭하고, 약 10년 뒤에 묘청의 난이, 그리고 그로부터 수십 년 뒤에는 무신 정변이 일어나면서 새로운 시대로 넘어갑니다. 그런 의미에서 이자겸의 난으로 부르는 이 사건은 고려 전기 사회가 하나의 고비를 맞는 아주 중요한 계기가 된다고 할 수 있습니다.

최원정 나라를 어지럽히고 임금을 헤치려고 하는 신하를 난신적자(亂臣賊子)라고 하잖아요. 흔히 이자겸을 난신적자의 전형이라고 하는데, 많은 생각이 듭니다.

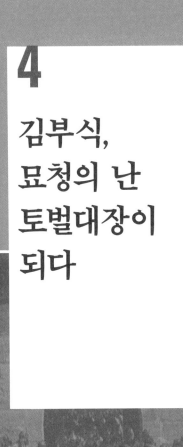

4

김부식,
묘청의 난
토벌대장이
되다

1135년, 서경(지금의 평양)에서 승려 묘청이 반란을 일으켰다. 자기가 왕이 되려고 한 것도, 단순히 권력을 잡으려고 한 것도 아니었다. 묘청은 서경으로 수도를 옮겨 황제를 칭하고(칭제), 연호를 세워(건원) 금을 정벌하자고 주장했다. 그래서 서경 천도 운동이라는 이름으로 더 많이 불린다.

묘청의 주장 가운데 특히 칭제 건원과 금국 정벌이 근대 이후 한국인들의 민족주의 감정을 자극했다. 중국에 사대하기만 했던 우리 역사에서 스스로 황제를 칭하고 연호를 세운 일이 몇 번이나 있었을까? 고구려가 멸망한 이후 한반도에 갇혀 버린 역사 속에서 대륙으로 진출하려는 시도가 몇 번이나 있었을까? 많은 사람이 묘청에게서 광개토왕의 꿈을 찾고자 했고, 민족주의의 감정으로 묘청을 응원했다. 하지만 냉정하게 따져 보자. 금국을 정벌하자는 묘청의 주장은 실현 가능성이 얼마나 되었을까?

12세기 초부터 여진은 여러 부족이 통합되기 시작해 마침내 금을 건국하고 거란과 송을 차례로 멸망시킨 뒤 중원을 차지했다. 남쪽에 남송이 건국되어 다원적 질서는 연장되었지만, 남송은 금에 대적할 만한 힘이 없었다. 금이 강성해지자 고려는 금의 요구를 받아들여 형제 관계를 맺었고, 얼마 안 있어 금에 사대하기로 하고 책봉-조공 관계를 맺었다. 현실을 인정한 결과였지만, 그에 대한 반대가 끊이지 않았다.

고려의 외교는 전통적으로 송과 거란 등 강대국에 사대하면서 국가를 보전하고 평화를 지키는 것을 목표로 했다. 거란이 침략해 오자 송과 관계를 끊고 거란과 책봉-조공 관계를 맺은 것처럼 철저하게 국력을 기준으로 사대의 대상을 선택하는 현실적인 노선이었다. 그런데 왜 이때는 사대의 대상을 거란에서 금으로 바꾸는 데 대해서 반대가 극심했을까? 여진은 거란과 달랐기 때문이다. 고려가 거란에 사대하면서 황제국을 자칭하고 있을 때, 즉 외왕내제의 상태에서 황제국의 지위를 보장한 것은 고려에 사대하는 나라의 존재였고, 그것이 바로 여진이었다. 여진이 황제국 고려를 완성했다고도 할 수 있는데, 거꾸로 고려가 금에 사대해야 하는 현실을 당시 사람들이 받아들이기 어려웠던 것이다.

묘청을 필두로 백수한과 정지상 등이 세력을 규합하고 서경 천도를 주장하고 나섰다. 이들은 모두 서경 출신이라는 공통점이 있었고, 개경의 문벌 귀족들은 당연히 반대했다. 서경파와 개경파의 대립으로 표면화된 이 싸움은, 실은 개경의 문벌 귀족에 대한 서경 출신 신흥 세력의 도전이었고, 지배층의 분열이라는 점에서는 이자겸의 난이 연장된 것이었다.

서경 세력이 천도의 명분으로 내세운 것은 풍수였다. 땅속에 보이지 않는 기운이 있어 그것이 흥망을 좌우한다는 믿음이었다. 풍수에 따르면 고려에서 기운이 가장 좋은 곳이 서경이었다. 일찍이 태조 왕건도 '훈요십조'에서 서경이 지맥의 근원이라는 말을 남겼을 정도다. 이때 서경 천도를 주장한 사람들은 서경의 지세가 좋으니 그곳으로 천도하면 금이 스스로 항복할 것이요, 주변 36국이 조공해 올 것이라고 주장했다. 이 꿈같은 이야기를 당시에 많은 사람이 믿어서 서경 천도가 추진되었다.

하지만 정치를 책임진 사람들의 생각은 달랐다. 풍수에 국가의 존망을 맡길 수 없으며, 묘청의 주장은 위험한 모험일 뿐이라고 생각하는 사람도 많았다. 그 대표적 인물이 『삼국사기』의 저자로 유명한 김부식이다. 김부식은 서경 천도에 반대했을 뿐 아니라 직접 묘청의 난을 진압했다. 결국 묘청의 서경 천도 운동은 금국 정벌의 가능성을 기준으로 평가할 문제다. 그리고 낭만적 민족주의에서 벗어난다면 그 판단은 어렵지 않다.

마지막으로, 잊혔던 묘청을 약 800년 뒤에 되살린 민족주의 역사학자 신채호의 명논설 「조선 역사상 일천년래 제일 대사건」을 끝까지 읽어보길 바란다. 신채호는 결코 묘청을 두둔하기만 한 것이 아니었다.

단재 신채호

일천년래제일대사건

이윤석　일제에 고개를 숙이지 않기 위해 세수마저 얼굴을 든 채로 했
　　　　다는 단재 신채호. 독립운동가이자 사학자인 신채호는 우리
　　　　역사에서 "일천년래제일대사건(一千年來第一大事件)"으로
　　　　고려의 서경 천도 운동을 꼽았습니다. 바로 고려 묘청의 난입
　　　　니다. 서경 천도 운동이 성공했다면 조선의 역사는 조금 더 독
　　　　립적이고 진취적으로 진전했을 것이라고 말했죠. 하지만 묘
　　　　청의 난은 진압되고 결국 실패로 돌아갑니다. 그렇다면 묘청
　　　　의 난을 진압한 인물은 과연 누구일까요? 여러분도 잘 아는,
　　　　하지만 전혀 의외인 인물입니다.

김부식, 묘청의 난 토벌대장이 되다

1135년, 서경에서 난이 일어났다.
주동자는 승려 묘청.

묘청은 관리들을 잡아 가두고 군사를 모아
개경으로 쳐들어가려 했다.
묘청의 난이 일어난 것이다.

반란 소식을 접한 고려 조정에서는
급히 토벌대를 출병시킨다.

묘청의 난을 토벌하는 부대의 지휘관은
『삼국사기』의 저자 김부식이었다.

『삼국사기』의 저자 김부식, 의외의 과거?

류근   신채호의 말에서 다소 헷갈리는 부분이 있어요. "제일대사건"이 라고 했는데, 띄어쓰기에 따라 그 의미가 달라지거든요. 제일 띄 고 대사건이면 가장 큰 사건이라는 뜻이고, 제일대 띄고 사건이 면 첫 번째 사건이라는 뜻이잖아요.

이익주   원문은 한문으로 되어 있고 띄어쓰기가 안 되어 있습니다. 그래 서 뜻을 가지고 띄어쓰기를 해 보자면 '제일'과 '대사건'을 띄어 읽어야 합니다. 지난 1000년을 통틀어 볼 때 가장 큰 사건이라는 뜻이죠.

신병주   대 자가 큰 대(大) 자입니다. 그래서 가장 큰 사건이라는 뜻이 됩 니다. 첫 번째 사건이라는 의미로 읽으려면 대 자가 순서라는 뜻 을 담은 대신할 대(代) 자여야 하죠.

이윤석   묘청의 난이라고 하면 한국사의 단골 시험문제 아니겠습니까? 그리고 『삼국사기』[1]의 저자 김부식도 정말 유명한데, 김부식이 진압대장을 맡았을 정도로 묘청의 난과 깊은 연관이 있는 줄은 몰랐습니다.

신병주   우리가 『삼국사기』의 저자라고 하면 창백한 얼굴을 한 지식인의 얼굴을 떠올리잖아요. 그런데 기록에 남은 김부식의 외모는 그 런 선입견을 깹니다. 『고려도경』[2]이라는 책에 따르면 살찐 모습 에 얼굴색은 거멓고 눈은 튀어나왔다고 되어 있거든요. 그러니 까 오히려 토벌대장의 이미지로는 어울리죠.

류근   학자의 상이 아니라 무인의 상이군요.

이익주   『고려도경』에는 김부식의 모습뿐 아니라 인물평도 같이 실려 있 습니다. 그 평을 보면 "널리 배우고 아는 것이 많아 문장을 잘 지 었다. 특히 고금의 일에 관해 많이 알았고 학자들이 믿고 따랐 다."라고 되어 있죠. 김부식이 동료들의 신임을 받았음을 알 수

「고려도경」의 본문 「고려도경」은 고려의 시대상과 풍습 등을 전해 주는 귀중한 자료다.

있는데, 거기에다가 묘청의 난을 진압하면서 고려 정계의 중심 인물로 부상합니다.

김부식 대 묘청: 엇갈린 평가

류근   일반 대중에게는 난을 진압한 김부식보다는 난을 일으킨 묘청에 대한 호감도가 훨씬 더 높지 않습니까? 저만 해도 약간 묘청 편이거든요.

최태성   그런 인식에는 우리가 존경하는 신채호의 영향이 크죠. 일제강점기 때 항일운동가이자 역사학자로서 한 획을 그은 인물인데, 그 신채호가 묘청의 서경 천도 운동에 관해 정의를 내렸다는 말이죠. 그 뉘앙스를 보면 묘청은 자주, 김부식은 사대라는 식으로 이분법적으로 나누는 듯하니까 많은 사람, 특히 학생들 같은 경우에는 김부식은 사대주의자라는 식으로 외울 수밖에 없습니다.

신병주 특히 교재에 나오는 표를 보면 항상 '묘청'이라는 항목 밑에는 '자주'와 '금나라를 정벌'이 나오고, '김부식'이라는 항목 밑에는 '사대'와 '금나라에 조공'이 나오니까 학생들은 묘청을 좋게 볼 수밖에 없죠.

이윤석 그런데 『고려사』에서는 묘청을 요승이라는 식으로 안 좋게 썼더라고요.

류근 그거야 실패한 반란을 일으킨 역적의 수괴니까 정사에서는 마땅히 그렇게 나쁘게 썼겠죠.

이윤석 묘청의 묘 자가 묘할 묘(妙) 자를 쓰더라고요. 묘한 느낌이 드는 이름입니다.

이익주 묘하다고 생각하지 마시고 신묘하다는 뜻으로 읽으시면 뜻이 달라지죠? 묘청이라는 이름은 스스로 지은 법명입니다. 그런데 아쉽게도 『고려사』에는 묘청에 관한 기록이 많지가 않습니다. 그저 서경승이라고만 되어 있습니다. 서경의 승려라는 뜻이죠. 그래서 어떻게 생겼는지, 출신이 어떠한지, 왕을 만나기 전에 어떤 활동을 했는지에 관해서는 전혀 기록이 없습니다. 다만 천문관원 백수한이 스승으로 모셨다는 말이 있고, 묘청과 백수한이 음양가의 비술로 사람들을 현혹했다는 기록이 있는 것으로 보아 그 당시에 유행하던 도참과 예언, 점술 쪽으로 활동한 승려로 추측할 뿐입니다.

신병주 당시에 인종의 측근 신하로서 언관으로 활동한 정지상이라는 인물, 그리고 내시낭중으로 활약한 김안과 같은 인물이 묘청을 가리켜 성인으로까지 표현합니다.[†] 그러니 당연히 인종도 묘청이라는 인물을 알게 되고 관심을 보이죠.

류근 정지상이 유명한 시인이잖아요. 「송인(送人)」이라고 교수님도 아마 이 한시의 첫 구절을 아실걸요?

신병주 「송인」은 제가 학생이던 때 국어 시간에 정말 좋아했던 시에요. "님을 보내며"라는 뜻인데, 이렇게 시작하죠. "우헐장제초색다 (雨歇長堤草色多)."

류근 "비 개인 긴 언덕에 풀빛 푸른데."

신병주 계속해 보실래요? "송군남포동비가(送君南浦動悲歌)."

류근 "남포로 님 보내는 슬픈 소리."

신병주 "대동강수하시진(大洞江水何時盡)."

류근 "대동강 물이야 언제 마르리."

신병주 "별루년년첨록파(別淚年年添綠波)."

류근 "해마다 이별의 눈물 적시는 것을." 이별시가 아주 많지만, 「송인」은 정말로 단연 압권이에요.

최태성 정지상에 관해 이런 이야기가 있어요. 정지상이 강물에 떠다니는 오리를 보고 이렇게 시를 썼대요. "어느 누가 흰 붓을 가지고 (何人將白筆) / 강물에 을 자를 썼는고(乙字寫江波)?" 근데 이 시를 다섯 살 때 썼다는 겁니다. 이 정도면 천재죠.

류근 절묘하네요. 다섯 살짜리가 을(乙) 자를 아는 것만으로도 놀라운데, 시를 쓴 거예요. 대단합니다. 그 천재 시인 정지상이 묘청을 성인으로 칭송하면서 따랐다는 거 아니에요? 이쯤 되면 묘청이 당대의 비범한 인물인 건 분명한 거잖아요.

이윤석 학식 있는 대신들도 묘청과 뜻을 함께할 정도라는 얘기인데, 그러면 묘청이 난을 일으킨 이유가 무엇일까요? 대부분의 난은 새로운 왕을 세우려고 일으키는 경우가 많잖아요.

† 김안과 이중부, 정지상 등이 말하기를, "이는 성인(聖人)의 교훈이며 나라를 이롭게 하고 왕업을 연장시키는 비술입니다."라고 하였다.
— 『고려사』 「묘청 열전」

묘청의 난, 왜 일어났나?

이익주 　묘청의 난은 왕위를 노리는 일반적인 정변과는 좀 다른 성격이 있습니다. 묘청이 서경에서 반란을 일으킨 다음에 임금의 자리를 비워 놓습니다. 그러고는 개경에 있는 인종을 모셔 오려고 합니다. 이런 점에서 일반적인 정변과는 다르죠. 물론 민란도 아닙니다. 묘청 일파가 바라는 것은 서경으로 천도하는 것과 칭제 건원을 하는 것, 금나라를 정벌하는 것, 이렇게 세 가지입니다. 이 세 가지에 개경의 보수적인 관료들이 반대한다고 판단하고 서경에서 반란을 일으킨 것이죠.

최태성 　당시 고려의 수도인 개경의 왕업은 쇠퇴해 끝났으니, 이제는 서경으로 가야 그 기운이 더욱더 흥한다고 주장하는 거예요.

신병주 　서경으로 천도하자는 주장이 나온 아주 중요한 동기로 이자겸의 난을 꼽을 수 있습니다. 풍수 도참 사상이 상당히 유행하던 시대인데, 이런저런 반란이 일어나 한 나라의 수도에 있는 궁궐이 불타기까지 하니까 그 당시 사람들도 개경의 기운이 다했다고 본거죠. 그러다 보니까 개경의 대안으로 서경이라는 도시가 떠올랐고요.

류근 　한 나라의 수도라는 게 경제와 문화, 정치, 국방까지 총망라해 적합성을 따져 결정하는 것이 맞는데, 단순히 풍수지리적 요건만 따져서 수도 이전을 하는 건 참 아니지 않아요?

이윤석 　요즘 생각으로는 '갑자기 왜 서경으로 천도하려고 할까?'라고 하며 조금 이상하게 여길 수 있어요. 근데 가만히 생각해 보면 지금도 뭔가 일이 잘 안 풀리면 조상의 묏자리가 안 좋아서 그런가 싶어 이장하기도 하잖아요. 아니면 집터가 안 좋아 그런가 싶어 이사를 가기도 하고요. 이런 인식과 좀 비슷한 면이 있는 건 아닌가 합니다.

류근 　사회가 혼란스러워지면 예언이 유행하잖아요. 일반 백성들이야 이사도 가고 이장도 해 볼 수 있다고 치는데, 말 그대로 나라를 책임지는 대신들은 그러면 안 되는 거잖아요. 서경으로 천도만 하면 국운이 연장된다는 건 선동 아닌가요?

최태성 　궁궐이 다 타서 재가 된 상황이라는 말이죠. 잿더미가 된 궁궐을 바라보면서 '이제 앞으로 어떻게 해야 할까?'라는 의문이 떠올랐을 때 서경 천도라는 대안이 나왔고, 그에 찬성하는 사람이 정말 많았어요. 그리고 그 반대편에 선 대표적인 인물이 바로 김부식이죠.

이윤석 　왜 옮겨야 하는지도 중요하지만, 일단 옮긴다고 하면 왜 굳이 서경으로 옮겨야 하는 건가요? 그 이전에 고려의 정종도 수도를 서경으로 옮기려고 했는데, 도대체 서경이 어떤 곳이기에 그렇게들 가려고 하는지 궁금합니다.

고려의 국도풍수론

최원정 　그러게요. 왜 하필 서경이었을까요? 고려의 풍수에 관해 궁금증을 풀어 주실 장지연 교수님을 모셨습니다. 교수님, 왜 하필 서경이었을까요? 이 묘청이 주장한 이유의 근거는 무엇이죠?

장지연 　서경이 풍수적으로 제왕의 기운이 서려 있는 매우 좋은 곳이라는 이야기는 이때 처음 나온 것이 아닙니다. 태조 왕건이 유훈으로 남겼던 훈요십조 제5조에 이미 나온 내용입니다. 왕건 자신이 대업을 이룰 수 있었던 까닭은 삼한 산천의 은밀한 도움을 받은 덕택이고 서경은 우리나라 땅의 중심이므로 국왕이 그곳에 가서 100일 이상 머무르라는 말을 남깁니다.[†] 이 말이 대대로 내려오면서 정치에 상당히 중요한 영향을 미칩니다. 이런 상황에서 묘청이 대화세(大華勢)의 형세를 지닌 명당인 서경의 임원역에 궁궐을 짓고 그곳으로 천도하면 나라가 크게 흥성할 것이라고 주장했을 때, 사람들이 생뚱맞다고 여기는 게 아니라 당연히 나올 수 있는 얘기로 생각하는 것이죠.

이윤석 아, 이미 왕건 때부터 그런 얘기가 있었으면 한 200년은 된 얘기네요.

류근 우리가 흔히 명당이라고 하면 좌청룡 우백호라고 말하잖아요. 그럼 서경도 그런 명당의 조건을 갖추고 있었던 겁니까?

장지연 이해를 돕기 위해 지도를 한번 보겠습니다. 풍수에서는 기본적으로 산과 물의 형세가 가장 중요하게 작용합니다. 평양의 지세는 국면이 넓고 평탄한데, 거기를 대동강과 보통강이라는 큰 강이 감싸 돌아 흐르고 있습니다. 그래서 이런 평양의 형국을 물길을 잘 얻었다고 해서 득수국(得水局)으로 부르고요. 수덕(水德)이 순조롭다는 의미로 인식된 것 같습니다. 그에 비해 개경은 일단 산이 매우 많은데, 산 아래 지역이 바로 개경의 궁궐인 만월대가 있던 지역입니다. 개경처럼 산이 조밀한 지역은 바람이 달아나지 못하게 가두는 형국이라고 해서 장풍국(藏風局)으로 부르고요. 그 대신에 물길이 순조롭지 못하다는 단점이 있습니다.

최태성 이렇게 보니까 개경은 좀 답답한 느낌도 드네요.

이윤석 오밀조밀한 개경과 확 터진 평양이 대조적이에요. 그런데 왜 그렇게 유난히 수덕을 강조했을까요?

장지연 당시에는 왕조가 교체되는 것을 오행이 서로 이어져 순환하는 오행상생[3]설에 입각해 보았습니다. 그에 따르면 신라는 금덕(金德)의 왕조여서 신라의 다음은 수덕의 왕조가 들어설 것으로 생각했습니다. 궁예가 연호를 수덕만세로 했던 것도, 태조 왕건이 서경의 수덕이 좋다는 얘기를 했던 것도 같은 맥락입니다. 고려 시대의 풍수는 지금 우리가 아는 풍수와는 내용이 조금 다릅니

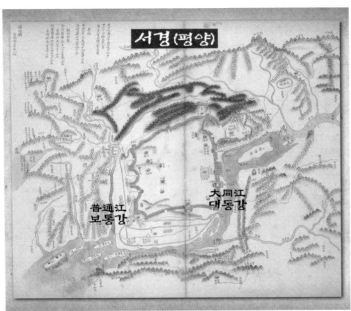

서경과 평양의 옛 지도

다. 왕이 머무는 수도를 건설하고 그곳을 중심으로 전국에 지방
체제를 구성해 운영하는 국도풍수론(國都風水論)의 성격을 가지
고 있죠. 여기에 태조 왕건의 유훈이라는 정치적 의미가 더해져
중요한 이념으로 기능했습니다. 이런 점을 정확하게 이해한다면
고려 사회를 좀 더 다각적으로 보는 데 큰 도움이 될 것입니다.

최원정 설명을 종합해 보니까 고려에서는 풍수라는 게 일종의 통치 이
      념이었네요.

류근 개경의 분위기나 상황이 그렇다면 마땅히 서경으로 천도해야 하
     는 것 아닙니까?

이윤석 이렇게 되면 서경 천도를 반대했던 김부식의 입장과 이유는 무
      엇인지도 궁금해지네요.

최원정 그렇다면 김부식은 왜 서경 천도에 그렇게 굳이 반대했을까요?
      그 의견을 들어 볼 수 있는 자리가 마련돼 있다고 합니다.

> † 내가 삼한 산천의 음우(陰佑)에 힘입어 대업을 이루었다. 서경은 수덕(水德)이
> 순조로워서 우리나라 지맥(地脈)의 뿌리가 되고 대업을 만 대에 전할 땅이다.
> 마땅히 춘하추동 네 계절의 중간 달[四仲月]에 왕은 그 곳에 가서 100일이 넘도
> 록 체류함으로써 (나라의) 안녕에 이르도록 하라.
> ─『고려사』「세가」 태조 26년(943) 4월

그날 토론: 서경 천도, 과연 필요한가?

이광용 오늘은 고려의 뜨거운 감자, 서경 천도를 둘러싼 찬성 측과 반
      대 측의 대표자분들을 모시고 긴급 토론을 준비했습니다. 먼
      저 반대 측부터 말씀해 주시죠.

김부식 기본적으로 천도라는 것은 정말 신중하고 주도면밀한 검토가
      필요한 게 당연하지 않습니까? 근데 묘청이 "서경 임원역에
      대화궁을 세우고 임금께서 거처를 옮기시면 천하를 아우를

수 있다."라고 발표했더라고요. 그것참, "금나라가 스스로 항복해 올 것이고 서른여섯 개 나라가 모두 신하가 되어 굴복할 것이다."라는 주장 자체가 너무 황당하지 않습니까?

이광용 현실성이 떨어진다는 반대 측의 주장인데, 이에 대해 찬성 측은 어떻게 생각하십니까?

묘청 허허, 어리석은 중생. 현실성이 떨어진다고요? 최근에 고려에 어떤 일이 있었습니까? 이자겸이라는 역적이 임금의 자리를 위협하고, 개경의 궁궐은 불에 타 버렸습니다. 게다가 밖으로는 우리를 부모로 섬기던 여진족이 세운 금나라에 사대하기로 해서 백성들의 사기가 땅에 떨어져 있습니다. 이럴 때일수록 고구려의 옛 기상이 살아 숨 쉬는 명당 중의 명당인 서경으로 천도해 일대 전환점을 마련하는 것이 오히려 현실적인 방안이라고 주장하는 바요.

김부식 서경이 명당이라고 하셨는데, 제가 몇 가지 질문을 한번 해 보겠습니다. 묘청 스님은 연고지가 어디시오?

묘청 허허, 명당인 서경이오.

김부식 그러면 같은 세력인 정지상의 고향은 어디입니까?

묘청 서경으로 알고 있소만?

김부식 그렇죠. 백수한도 지금 서경에서 벼슬하고 있죠?

묘청 아니, 그렇기는 한데 그게 천도와 무슨 상관이 있소?

김부식 자, 보세요. 묘청과 정지상, 김안, 백수한 모두 어떻게든 서경과 연관이 있다는 겁니다. 저들이 서경으로 천도하자는 이유가 무엇인지 답이 나오지 않습니까?

이광용 서경으로 천도하자고 주장하는 의도가 순수하지 않다는 말씀이군요.

묘청 큰일 날 소리를 하고 말이야. 지역감정을 조장하는 것이오?

그 말에 근거가 있소?

김부식 이럴 줄 알고 내가 다 조사해 왔어요. 이건 묘청 일당의 회의록입니다. 당신들의 회의록에 정지상과 김안이 한 이야기가 나와 있어요. 지금 한번 읽어 드리겠습니다. "서경을 수도로 삼는다면 우리가 중흥 공신이 될 것이니, 이로서 우리가 부귀하게 될 뿐 아니라 자손도 무궁한 복을 누릴 것이다." 서경으로 가서 권력을 잡겠다는 얘기 아닙니까?

묘청 잠깐만, 소승은 저런 해괴한 문서를 알지 못하오. 그리고 말이 나왔으니 말인데, 그런 식으로 따지자면 지금 서경 천도를 반대하는 김부식 당신 쪽 사람들은 다 개경 쪽 사람들이 아니요? 아하, 서경으로 천도하고 나면 그동안 개경에서 쌓아 왔던 부귀와 권력이 한꺼번에 다 날아가게 생겨서 반대하는 거였구먼. 개경이 언제부터 수도였다고 그러는 거요?

김부식 개경은 태조께서 수도로 정하신 곳이 아니요?

이광용 잠깐만요. 이제 곧 묘청 스님 측의 주장대로 서경의 임원역에 대화궁이 완공되지 않습니까? 그때 묘청 스님께서 또 다른 정책을 제안하실 예정이시라고요?

묘청 그렇소. 서경으로 천도하기만 하면 우리 임금께서는 황제로 칭하시고 연호를 제정하실 것이오. 그리고 금나라를 정벌해서 멸망시키자는 제안을 드릴 계획이오. 이미 우리 쪽에는 장사 1000명만 주면 금나라에 쳐들어가 금나라 황제를 사로잡아 오겠다고 벼르는 자가 있을 정도요. 소승 또한 신술을 알고 말이오.

김부식 이 자는 요승이오. 아니, 지금 금나라에 사대하는데 독자적인 연호를 짓자고요? 전쟁을 하자고요? 금나라가 얼마나 강한지 모르고 하는 소리요? 혹세무민이 바로 이런 것이오.

묘청   아니, 그러면 이대로 개경에서 나라의 운은 다 끊기고 우리는
        금나라의 속국이 되기만을 기다리며 그냥 눌러앉아 기다리자
        는 말씀이오?

김부식   무슨 소리요? 내가 언제 속국이 되자고 했소? 금나라에 공격
        의 빌미를 줘서는 안 된다고 얘기한 것 아니요?

묘청   대화세, 대화세, 서경 천도 대화세. 너무 흥분하지 말고 대화
        로 하세.

이광용   서경 천도와 관련된 찬반 양측의 주장이 워낙 팽팽하기 때문
        에 쉽사리 결론이 날 것 같지 않은 분위기입니다. 판단은 여러
        분께 맡기겠습니다.

묘청 대 김부식: 서경 천도, 칭제 건원, 금국 정벌

류근   토론으로만 봐서는 서경으로 천도해야 할 것 같은 느낌이 듭니
        다. 묘청 측 주장 중에 칭제 건원이 나왔잖아요. 황제로 칭하고
        연호를 정하자는 건데, 고려의 위상을 높이고 자주성을 표현하
        자는 얘기잖아요. 저는 충분히 타당한 주장이라고 생각하거든
        요. 명분도 있고요. 반대로 김부식의 주장을 보니까 "지금 금나
        라가 워낙 강대하니 괜히 책잡힐 일은 하지 말자."라는 논리를
        펴는 거 같은데, 너무 쉽게 포기하는 거 같지 않아요?

이익주   이건 고려만의 문제가 아니죠. 그 당시 국제 정세를 살펴볼 필요
        가 있습니다. 10세기에서 11세기까지 200년 동안에는 고려와 거
        란, 송, 이 세 나라가 균형을 유지하는 형세였습니다. 그러다가
        12세기가 되면서 여진이 아주 빠르게 성장합니다. 1115년에 여
        진이 금나라를 세웠고, 10년 뒤인 1125년에 거란을 멸망시킵니
        다. 그리고 바로 송을 공격해 송의 수도였던 변경, 즉 지금의 카
        이펑을 1126년에 함락하면서 송의 황족이 남쪽의 임안으로, 즉

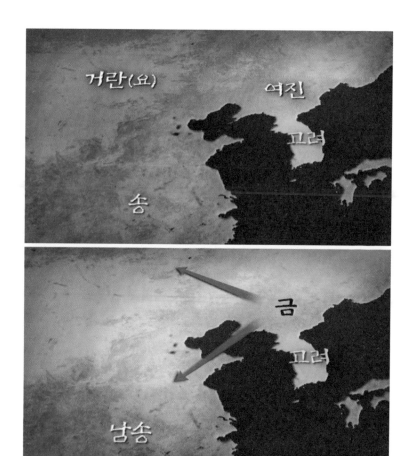

여진의 성장

지금의 항저우로 내려와 남송을 건국하는 격변이 일어납니다. 그런데 아주 우연하게도 김부식은 그해에 사신으로 송에 파견됐는데, 명주라는 해안 도시에서 발이 묶여 8개월 동안 지체하다가 결국에는 변경에 가지 못하고 돌아온 일이 있습니다.

신병주 세 개 대제국의 세력이 교체되는 흥망의 현장을 목격한 거죠. 김부식에게는 엄청난 충격으로 다가왔을 겁니다. 금나라의 강력한 힘을 눈앞에서 보고 실감한 거죠.

최원정 김부식이 국제 정세를 현실적으로 잘 파악하고 있었다는 이야기
네요.

이윤석 처음에는 오히려 김부식의 말을 따르는 사람이 소수였다던데,
김부식의 주장이 안 먹혔나 봐요?

이익주 당시의 고려 사람들로서는 여진족이 강성해졌다는 것을, 정세
가 변했다는 것을 도무지 받아들일 수 없었을 것입니다.† 불과
한 세대 전까지만 해도 고려를 부모의 나라로 섬겼고, 고려로부
터 책봉받는 조공국과 같은 위치에 있었던 여진이 아닙니까? 그
런 여진이 관계를 역전해 앞으로는 자기들이 임금이 되고 고려
는 신하가 되는 관계를 요구해 오자 고려 사람들은 "어떻게 우리
가 거꾸로 그들의 신하가 될 수가 있느냐?"라는 감정적인 반응
을 보입니다. 그리고 이런 반발에 가장 앞장선 사람이 바로 윤관
의 아들인 윤언이라는 사람이죠. 윤관이 동북 9성을 개척한 전력
을 본다면 그 아들로서는 당연히 그렇게 주장할 만하다고 하겠
습니다.

최태성 윤관의 동북 9성을 돌려줄 때 여진이 기왓장 하나 던지지 않겠
다고 약속했잖아요.

최원정 대대로 섬기겠다고도 했었어요.

최태성 갑자기 세력이 커진 여진이 약속도 안 지키고 뒤통수를 치니까
고려인들로서는 자존심이 상했을 수 있을 거 같아요.

최원정 송나라가 완전히 망한 게 아니라 남송이 있잖아요. 그럼 잘 협공
해서 금나라를 친다면 어느 정도 승산도 있지 않을까 싶은데요.

이익주 여진족이 갑자기 강대해진 것에 고려만 당황한 게 아니고, 송도
당황합니다. 그래서 고려에 사신을 보내 여진을 막는 데 힘을 보
태 달라고 누차 요구해 옵니다. 하지만 고려는 언제나 현실적으
로 가능한 일이 아니라고 판단하고 "송이 여진과 싸워 이기는 것

을 기다린 연후에 미약하나마 군대를 내서 돕겠다."라는 식으로 거절합니다.[†]

류근   그래도 수용할 것은 수용하고 반대할 것은 반대해야 하는데, 김 부식 쪽에서는 묘청의 의견을 전면적으로 다 반대하는 거잖아 요. 전략적으로 반만이라도 취사선택할 수는 없었는지, 천도와 칭제 건원 정도까지는 충분히 합의할 수 있지 않았는지 의문이 듭니다.

최태성   묘청의 주장은 종합 선물 세트입니다. 마음에 드는 것만 따로 골 라 받기는 어려워요.

이윤석   저도 서경 천도는 파란불, 칭제 건원은 노란불, 금국 정벌은 빨 간불이라는 느낌이 드네요. 어떤 세력이든지 너무 오래 집권하 면 부패하거나 오만해지니까, 그걸 교체하거나 새바람을 넣으려 면 천도하는 것도 하나의 좋은 방법일 수 있겠다고 생각합니다. 다만 묘청의 주장처럼 천도만 하면 금나라가 멸망하고 다른 나 라들이 고려에 고개를 숙여 모든 게 이루어진다는 주장은 도술 운운하는 것처럼 너무 가지 않았나 싶어요.

신병주   김부식도 대 놓고 서경 천도나 칭제 건원은 반대하지 못합니다. 왜냐면 이때 인종이 임원역에 대화궁을 지어 자주 행차하는 상 황이거든요. 게다가 왕을 황제로 칭하고 연호를 새로 세우겠다 는 것은 상당한 왕권 강화와 연결되니까 인종으로서는 싫을 리 가 없죠. 따라서 인종의 측근 신하인 김부식이 반대할 수는 없습 니다. 그래서 일단은 금국 정벌에 관해서만 강하게 비판하는 태 도를 보이고요.

최태성   금국 정벌이라는 게 어떻게 보면 일종의 구호였다는 생각이 듭 니다. 실질적으로는 이루어질 수 없는 거예요. 오히려 그렇게 주 장하는 대로 추진하면 나라가 휘청거릴 수 있는 위험한 구호죠.

평남대동 대화궁 내궁에서 본 성벽

이윤석   묘청으로서는 '안 해 봐서 모르는 거다. 정말 서경으로 천도하기
       만 하면 그 모든 것이 실제로 이루어진다.'라고 믿었을지도 모르
       고요.

류근   금국 정벌이 민심을 어루만지기에는 딱 좋은 기치인데, 타당성
       이 전혀 보이지 않는 게 문제예요.

최원정   아무튼 그때는 금국 정벌을 주장하는 사람이 더 많았고, 거기에
       동조하지 않으면 사대주의자로 이분법적으로 평가받을 수 있는
       상황이었다는 건가요?

이익주   그때는 사대주의라는 말이 없었습니다. 사대주의라는 말은 근대
       에 들어와 중국을 대하는 조선의 자세에 문제가 있었다고 평가
       하면서 만들어졌죠. 그 이전의 고려 시대와 조선 시대에는 사대
       가 현실적인 외교 정책으로 인정받았습니다.

최원정 어쨌든 당시 고려 사회는 금국 정벌론에 매우 많이 동조하는 분위기였는데, 여론의 추가 김부식 쪽으로 넘어가는 사건이 발생합니다.

> † 김부식 등이 송의 명주(明州)까지 갔다가, 마침 금의 군대가 변주(汴州)에 들어가 길이 막혀 들어가지 못하고 돌아왔다. 이전에 변방에서 보고하여 전언하기를, "금나라 사람들이 송을 침범하다가 패배하여 송군이 승세를 타고 금의 국경에 깊숙이 들어갔습니다."라고 하였다. 이때 정지상과 김안이 아뢰어 말하기를, "때를 놓칠 수 없으니 청하건대 출병하여 마땅히 송의 군대와 접하여 큰 공을 세우고 주상의 공덕이 중국 역사에 실려 자손 만세에 전하게 하십시오."라고 하였다. (……) 김부식이 돌아오니 변방의 보고가 과연 거짓이었다.
> ─『고려사절요』 인종 5년(1127) 5월

> ‡ "우리나라는 본래 부강한 나라가 아니며, 근래 재앙과 근심을 겪으면서 저축해 놓은 것이 모두 타 버려서 물자와 식량의 비축과 기계를 수선할 때까지 기다려 반드시 모든 것이 정돈된 후에야 군사를 일으킬 수 있고, 짧은 시간에 서둘러 도모한다는 것은 진실로 어려운 일입니다. 더욱이 적의 기세가 사납고 강성하기 때문에 경솔하게 부딪혀서는 안 될 것이며, 오랑캐의 땅이 험준한데 어찌 쉽게 말을 몰아서 쫓아가겠습니까? (……) 왕사(王師)가 적을 제압하기를 기다려서 조금이나마 힘을 보태고자 합니다."
> ─『고려사』 「세가」 인종 4년(1126) 7월 19일

금암역에서 일어난 이변

1132년, 묘청 등의 권유를 받아
인종은 서경으로 행차하는 길에 오른다.

그런데 어가가 금암역에 이르자
갑자기 하늘이 어두워지고 비바람이 몰아쳤다.

호위하던 병사들은 넘어지고
급기야 왕까지 행방을 알 수 없게 되었다.

놀란 시종들은 사라진 왕을 찾아
여기저기 분주하게 헤매고 다니고
궁인 중에는 통곡하는 자도 있었다.

저녁이 되자 진눈깨비가 내리고 추위가 심해져
사람과 말, 낙타가 많이 죽었다.

서경 천도를 앞두고 나타난 불길한 조짐들

최원정 진짜 마른하늘에 날벼락이라는 말이 생각나는 장면이네요.

류근 서경의 임원역이 길지라면서요? 길지로 가는 길에 왜 이런 문제 가 생기는 거예요? 도대체 어떤 자연현상인 겁니까?

신병주 기록을 보면 정말 희한합니다. 임원역에 대화궁을 짓고 인종이 서경에 행차하자 서경에 있는 중흥사 탑에 불이 나고, 대화궁 주 변에는 벼락이 서른 번이나 떨어져요. 그러니까 사람들 사이에 서 당연히 말이 나오죠. "왕이 서경으로 행차하는 것은 재앙을 없애기 위함이라는데, 오히려 재앙이 생기는 게 웬 말이냐?" 그 러자 묘청이 반박하는 논리를 내놓습니다. "폐하께서 서경에 행 차하셨으니 이만한 거지, 개경에 계셨으면 더 큰일이 일어났다."

이윤석 논리가 좀 그러네요. 그나저나 왕이 행차했는데 길을 잃고 헤맬 정도면 처벌받을 만한 죄가 아닌가요?

최태성 여기서 묘청이 어록 제2탄을 선보입니다. "내가 일찍이 이날 비 바람이 불 것을 알고 비바람을 다스리는 신에게 임금께서 행차 하실 테니 비바람을 일으키지 말라 했거늘, 약속을 져 버리다니 매우 가증스럽구나."라고요. 오히려 묘청이 대단히 가증스럽죠.

최원정 약간 가짜 느낌이 확 드는 말이네요. 하긴 묘청이 이 예상치 못 한 기후변화에 얼마나 조바심이 났겠어요.

이윤석 여론은 묘청 편이지만, 천도든 칭제 건원이든 실제로 이뤄진 건 하나도 없네요?

류근 적의 실수는 나의 기회잖아요. 이쯤 되면 김부식으로서는 반격 의 기회를 잡았다고 여길 법도 한데요?

이익주 이렇게 묘청이 수세에 몰리는데, 인종이 개경의 불탄 궁궐을 다 시 짓겠다는 의사를 밝힙니다. 서경에 대화궁을 지어 놨는데, 개 경 궁궐을 다시 짓는다고 하면 천도는 포기하는 것 아니냐고 생각할 수가 있겠죠. 이것이 결정적으로 묘청을 다급하게 합니다.

최원정 그렇죠. 조바심이 나겠죠. 이렇게 불길한 조짐들이 나타나고 묘청은 코너에 몰리는데, 이때 고려 사회를 발칵 뒤집은 또 다른 사건이 일어났다고 합니다.

고려에 이런 일이: 대동강, 신룡의 침 사건

이광용 최근 대동강에서 기이한 현상이 포착돼 고려가 시끌시끌합니다. 바로 대동강의 물에 오색 빛깔이 찬란한, 아주 영롱한 띠가 발견된 겁니다. 이를 두고 묘청 측에서는 "신룡이 침을 토한 것이다. 이건 1000년에 한 번 보기 어려운 것이다."라며 하늘의 뜻을 받들어 금나라를 제압하자고 주장하고 나섰습니다. 그래서 현장 조사를 마친, 고려 그날 연구소의 이 박사님을 모셨습니다. 어떤가요? 정말 용이 침을 뱉은 게 맞습니까?

이윤석 이 박사입니다. 제가 대동강에 가서 자맥질해 물속에 들어간 순간, 이걸 발견했습니다.

이광용 잠깐만요. 이건 떡인데, 대동강 물속에서 떡을 발견했다고요?

이윤석 꿩 대신 닭이라는 말이 있지만, 용 대신 떡이 나와 저도 많이 당황했습니다. 하지만 비밀을 알아냈습니다. 설명해 드릴게요. 먼저 떡 속에 기름을 가득 채워 넣습니다.

신병주 보통 떡 겉면에 기름을 바르는 건 봤어도 저렇게 떡 속에 기름을 넣는 건 처음 보네요.

이윤석 기름을 채운 떡을 물속에 살포시 가라앉힙니다. 그러면 떡 속에 넣은 기름이 새어 나와 한 방울씩 물 위로 계속 뜨죠. 이렇게 새어 나온 기름이 물결이 치면 햇빛에 반사되며 빛납니다.

이광용 이게 뭔가요? 오색찬란한 띠가, 영롱한 띠가 보입니다. 상서

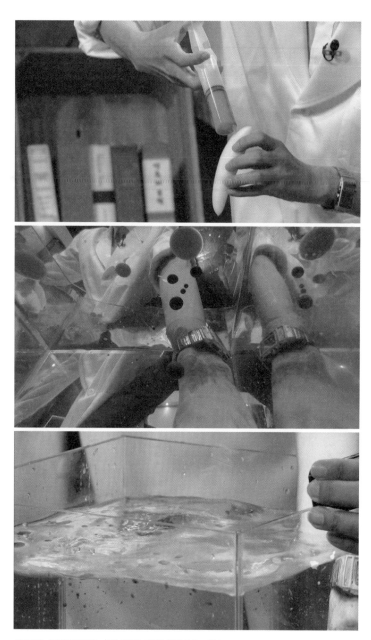

신룡의 침, 그 정체를 밝히는 실험 떡에서 기름이 새어 나오고 있다.

로운 징조가 거짓으로 드러나는 순간이군요.

이윤석   자세한 얘기는 우리 연구소의 핵심 브레인, 이익주 교수님께서 설명해 주실 겁니다.

이익주   실제로 『고려사』 기록에 나오는 내용입니다. "묘청과 백수한이 몰래 커다란 떡을 만들어 속에 구멍을 뚫고 참기름을 넣은 다음 대동강에 가라앉혀 두니 기름이 점점 새어 나와 멀리서 보면 오색으로 빛나는 것 같았다. 이를 두고 '신룡이 침을 토해 오색구름을 만들었으니, 이는 상서로운 징조다.'라고 말했다."라는 겁니다. 당시에 자연재해가 발생하면서 묘청을 의심하는 분위기가 일어나 불리한 상황이 되자 분위기를 역전하기 위해 이처럼 무리한 수를 써서 사건을 조작한 것이죠.

최원정   이런 걸 조작했다는 것도 특이하지만, 들킨 것도 신기해요.

신병주   그 시대 사람들이 보기에도 용의 침이라고 하니까 이상하거든요. 그러니까 김부식 측에서 자맥질을 잘하는 사람을 동원해 조사에 들어가 기름을 넣은 떡을 발견하고요. 속임수라는 게 다 탄로가 나 버린 겁니다. 오히려 묘청 측에서 악수를 둬 버린 거죠.

최원정   그러면 묘청은 이제 어떻게 되는 건가요?

이윤석   제가 듣기로는 "눈과 귀를 어지럽힌 묘청을 큰 거리에서 처형해 재앙의 싹을 잘라 버려야 한다."라는 말까지 대신들 사이에서 나온 걸로 알고 있습니다.

이광용   그렇습니다. 묘청의 사기극이 만천하에 드러나면서 급기야 1134년에는 서경에 행차해 달라는 묘청의 건의를 인종이 거부하는 사태까지 벌어집니다. 그동안 묘청 측의 손을 들어주었던 인종이 변심한 거죠. 그래서일까요? 묘청 세력은 결국 서경에서 반란을 일으킵니다.

김부식, 묘청의 난을 진압하다

묘청의 난 토벌대장에 임명된 김부식은
긴급회의를 소집해 작전을 세우고
진압에 나서기 위해 출병을 서두른다.

그리고는 개경에 있던 묘청의 일당인
정지상과 김안, 백수한 등을
왕명도 받지 않은 채 참수한다.

반면에 서경의 묘청 세력 내부에서는
형세가 불리해지자 분란이 일어나고
결국 묘청은 같은 편 사람의 손에
비참한 최후를 맞는다.

토벌대장 김부식의 질투가 부른 과잉 진압?

최원정   마침내 반란이 일어났습니다. 묘청의 난이 살려고 일으킨 극적인 반란이네요. 저는 오랫동안 계획한 반란인 줄로만 알았는데 말이죠.

이익주   반란은 개경에 있는 묘청 세력조차도 몰랐을 정도로 갑자기 일어났습니다. 그 당시에 개경에 있던 백수한에게 서경에 있는 친구가 "서경에서 난이 일어났으니 빨리 개경에서 빠져나와라."라고 편지를 보냅니다. 그런데 백수한이 그 말을 못 믿고 편지의 내용을 왕에게 보고하죠. 그래서 개경에서는 김부식을 원수로 삼고 부랴부랴 대책을 세웁니다. 여기서 문제는 묘청 일파 내에서도 난을 일으킨다는 사실이 공유되지 않았다는 겁니다. 이 때문에 개경에 있던 묘청 세력이 김부식에게 당합니다.

이윤석   그런데 김부식이 토벌대장이 되자마자 한 일이 왕명도 안 받고 정지상을 죽여 버린 일이잖아요. 사실 반란을 직접적으로 같이 도모한 것도 아닌 것 같은데, 과잉 진압이 아닌가 하는 생각이 듭니다.

최태성   그래서 김부식이 묘청의 난을 이용해 사적인 복수를 했다는 이야기도 있어요.

최원정   김부식과 정지상이 사이가 안 좋았어요?

신병주   둘 다 뛰어난 문장가이다 보니 시인으로서 라이벌 의식 같은 것도 있었던 모양입니다. 야사에 의하면 정지상이 "사찰에 범어가 그치니(琳宮梵語罷)/ 하늘빛이 유리처럼 맑다(天色淨琉璃)."라고 시구를 읊자 옆에서 듣던 김부식이 "정말 좋은 구절이다. 그다음 구절은 내가 맞추어 짓겠으니 그 시를 나에게 양보해 달라."라고 합니다. 그러니까 정지상이 "나는 당신의 실력을 못 믿는다. 당신이 다음 구절을 지으면 이 좋은 시를 망칠 거다."라고 해서 그 시를 안 줬다고 해요. 그때부터 김부식이 이를 갈다가 묘청의 난이 일어났을 때 잘됐다며 정지상을 제일 먼저 제거했다는 이야기도 전하죠.

최원정 　글쎄요. 설마 시를 짓는 재능을 질투해서 사람을 죽인다고요?

류근 　다른 예술가도 마찬가지겠지만, 시인이 끊임없이 질투하는 존재는 맞아요. 근데 그것은 절대적인 것에 대한 질투지, 상대적인 것에 대한 질투가 아니거든요. 그렇게 개인적인 질투심 때문에 누군가를 죽일 수 있는 사람은 시인의 영혼을 가지지 못한 사람입니다. 제가 봤을 때 김부식과 정지상에 관한 야사는 지극히 정치적인 상상력에서 나오지 않았나 하는 생각이 듭니다.

최태성 　『고려사』에는 "김부식이 평소에 정지상과 함께 문장으로 명성이 비등해 불만을 품던 차에 묘청과 내응했다는 평계로 정지상을 죽였다."라는 기록도 있습니다.

이윤석 　영화를 보면 모차르트의 재능을 질투해 모차르트를 죽이는 살리에리라는 음악가가 나오잖아요. 영화적 상상이고 실제로는 그런 일이 없었다고 합니다만, 김부식이 고려판 살리에리라고 할 만하네요.

최원정 　야사이니까 사실이 아닐 수도 있는데, 굳이 왜 이렇게까지 김부식을 깎아내리는 이야기가 전해지는 걸까요?

류근 　두 사람이 정파도 다른데 문장으로도 다투다 보니까 후대 사람들이 만들어 낸 이야기가 아닌가 싶어요. 그리고 백성들에게는 금국 정벌에 대한 염원이 있었을 텐데, 심정적으로 금국 정벌을 추진한 세력에 속했던 정지상 편을 들고 싶었던 게 아닐까요?

이윤석 　일종의 야사나 전설의 형태로 그런 얘기가 전해진다는 건, 아무래도 김부식이 정지상을 죽인 일이 타당하지 않았다는 의견이 당시에도 대세였음을 보여 주는 것 같아요. 우회적으로 비판하는 게 아닌가 합니다.

류근 김부식으로서는 서경에서 난이 일어났는데 나중에 개경의 묘청 세력들까지 내응하면 곤란해지니까 사전에 진압해 버리자고 결정했을 가능성도 높죠. 토벌대장이니까요. 근데 아무리 다급하다고 해도 왕의 재가도 없이 당대의 천재 시인을 죽여 버렸다는 게 저는 기분이 썩 좋지는 않아요.

묘청의 난, 그 결말

최원정 근데 묘청은 같은 편에게 죽임을 당했다는데, 누가 죽인 건가요?

이익주 묘청과 함께 반란을 일으킨 조광이라는 사람입니다. 묘청 세력은 자기들이 서경에서 반란을 일으키면 왕이 자기들에게 올 것으로 생각했던 것 같습니다. 하지만 인종은 이미 마음이 변했죠. 그러자 반란 세력 내부에서 반란의 성공 가능성에 회의가 일면서 자연스럽게 내분이 일어납니다. 결국 조광이 묘청을 죽이고 그 목을 개경으로 보내는데, 개경에서는 묘청의 목을 높이 매달고 그 목을 가져온 사람도 처벌합니다. 이런 정황을 보고 조광이 자기도 처벌을 면하지 못하겠다고 생각해서 다시 반란을 일으키고요. 이에 김부식이 토벌군을 이끌고 와서 무려 1년 동안 지구전을 펼친 끝에 겨우 진압합니다.

신병주 묘청은 허무하게 죽었지만, 반란군이 1년간이나 저항했다는 것은 그 당시 서경 세력의 결집력이 상당히 셌다는 것을 보여 주죠. 인종은 큰 반란을 진압하고 개선한 김부식에게 성 안의 큰 저택 한 채를 내려 줬고, 진압에 참여한 군사들에게도 크게 포상해 줍니다.

묘청의 난, 그 후

최원정 『삼국사기』도 김부식이 묘청의 난을 진압하고 난 뒤에 쓴 거라
면서요?

신병주 그렇죠. 묘청의 난이 1135년에 일어났는데, 『삼국사기』가 완성
되는 것은 1145년이니까요. 『삼국사기』는 왕명을 받아 편찬한
역사서인데, 묘청의 난과 같은 아주 강력한 반란을 진압하고 난
뒤에 나왔다는 점에 주목해야 합니다. 요즘으로 치면 고려 시대
판 역사 바로 세우기의 성격도 있는 거예요. 그리고 이런 『삼국
사기』의 집필에서 총책임을 맡았다는 것은 김부식이 그만큼 역
사에 대한 안목도 높았고 왕의 신임도 매우 두터웠다는 것을 반
증하는 거죠.

최원정 묘청의 난이 없었으면 『삼국사기』가 안 나왔을 수 있다는 얘기
네요.

이윤석 만약에 반란에 성공했으면 묘청이 역사서를 썼을 수도 있죠. 그
러면 삼국의 역사는 묘청과 일연 두 승려가 쓰게 되네요.

최원정 김부식이 묘청의 난을 잘 진압해서 성공의 발판을 마련한 거잖
아요. 근데 묘청의 난을 진압했기 때문에 후세에는 사대주의자
라는 역사의 평가를 받기도 하고요. 김부식에 대한 비판은 어떻
게 생각하세요?

류근 그때 김부식이 묘청과 합세해 부화뇌동했으면 더 큰 혼란을 빚
지 않았을까요? 저는 그래서 김부식을 사대주의자라기보다는
비현실적 이상주의에 휘말리지 않은 유가적 합리주의자 내지 현
실적 실리주의자로 평가하는 것이 맞지 않겠느냐고 생각하게 됐
어요.

이윤석 해석하기 나름인데, 금나라에 숙이고 들어가자고 한 것은 사대
주의로 볼 수도 있어요. 하지만 무모한 전쟁을 막는 현실적인 면

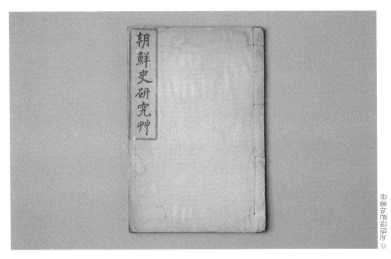

『조선사 연구초』 서경 천도 운동에 관한 신채호의 평이 실려 있다.

모도 있고, 유교적이면서 도덕적인 권위를 앞세워 정치를 하려
하는 이상주의자의 면모도 보이는 등 다양한 모습이 있는 것 같
아요.

최원정 서경 천도 운동을 일천년래 제일 대사건으로 꼽았던 신채호의
말을 어떻게 다시 이해하면 될까요?

이익주 서경 천도 운동에 관한 신채호의 글을 다 읽은 사람은 드물죠.
대부분의 사람이 앞부분만 읽고 판단하는데, 신채호의 글을 잘
읽어 보면 신채호가 가장 아깝게 생각한 사람은 묘청이 아니라
윤관의 아들 윤언이입니다. 윤언이는 칭제 건원에는 찬성했지
만 서경 천도에는 반대했는데, 이것이 탁견이었다고 본 거죠. 그
런데 묘청이 신채호의 표현대로라면 광망한 행동으로, 그러니까
미치고 망령된 행동으로 준비가 안 된 상태에서 섣불리 난을 일
으켰다가 실패함으로써 윤언이 같은 사람까지 전부 죽게 만들
었다고 비판합니다. 그러면서 훗날의 조선은 사대주의의 나라가

됐고, 결국 망국의 비운을 맞이했다는 내용으로 신채호의 글은 채워져 있습니다. 따라서 오늘날 묘청에 대한 섣부른 평가는 신채호가 글을 쓸 당시의 상황을 고려하지 않고, 신채호가 쓴 글을 제대로 전부 읽지 않은 가운데서 내린 단편적인 평가라고 할 수 있습니다.

최태성 아주 큰 오해죠. 교육 현장에서도 신채호가 묘청을 매우 긍정적으로 평가했다고 단정적으로 이야기하는데, 그 오해만큼은 수정되었으면 좋겠다고 생각합니다. 그리고 두 세력이 상호 경쟁을 통해 건강한 모습을 만들어야 하는데, 묘청의 서경 천도 운동으로 말미암아 당시에 고려가 가졌던 마지막 자주정신이 소멸되지는 않았나 하는 생각도 듭니다. 이때 자주 세력들이 몰락하면서 고려 사회가 건강함을 잃고, 그런 모습들이 쌓이면서 결국에는 무신들의 칼을 맞거든요. 문벌 귀족으로서도 자기들을 계속 건강하게 유지해 줄 수 있는 견제 세력들을 제거하면서 자기들의 생명을 단축한 게 아닐까 하는 생각이 들고요.

최원정 고려 역사에서 묘청의 난이 갖는 의미는 무엇일까요?

신병주 묘청의 난을 이제까지는 개경파 대 서경파 또는 문벌 귀족 세력 내부의 분열과 같은 식으로만 인식하는 경향이 있었는데, 사실은 국제 정세의 변화도 매우 중요한 지표입니다. 특히 묘청의 난이 일어나기 직전에 송이 멸망하고 남송이 수립되는 과정의 현장에 있었던 김부식이라는 인물이 국제 정세의 급격한 변화 속에서 고려가 나아갈 길을 어떻게 고민했을지 상상해 보는 것도 의미가 있을 것 같습니다. 결국 지금도 그렇지만, 국내 정세뿐만 아니라 국제 정세도 함께 고려해야 문제를 해결할 수 있다고 봅니다.

이익주 묘청의 난은 그보다 10년 전에 일어났던 이자겸의 난과 비슷한 성격을 가지고 있습니다. 그러니까 형태는 다르지만, 1100년대에 들어와 지배층 내부에서 내분이 일어나면서 그 아래에 있는 백성들의 동향에 신경을 쓰지 못했다고 하는 아주 치명적인 문제가 생겨납니다. 이 문제가 묘청의 난이 진압되고 불과 수십 년 뒤에 무신 정변이라는 더 큰 사건이 벌어지게 하는 전초가 된다는 점에서 역사적인 의미가 있습니다.

최원정 문벌 귀족 사회에 쌓인 모순이 훗날 무신 정권 시대를 불러온다는 말씀이시군요.

5

문신의 씨를
말려라:
무신 정변 3일

이자겸의 난과 묘청의 서경 천도 운동으로 흔들리던 고려의 문벌 귀족 사회는 1170년에 일어난 무신 정변으로 완전히 붕괴된다. 그래서 무신 정변을 고려를 전기와 후기로 나누는 분수령으로 보기도 한다.

무신 정변에 대한 일반적인 이해는 대등해야 할 문신과 무신 사이에 차별이 있었고, 그에 대한 불만에서 무신들이 들고 일어나 문신들을 살육하고 정권을 잡았다는 것이다. 그러나 고려 전기까지만 해도 문신과 무신은 대등한 존재가 아니었다. 고려 사회의 최상층인 문벌 귀족은 결코 무신이 되는 법이 없었다. 이들은 음서 또는 과거를 통해서 문신이 되었다. 무신은 지방 향리 등 중하위 지배층에 있는 사람들이 되거나, 심지어는 일반 군인 가운데 군공을 세운 사람들이 되는 자리였다. 향리가 과거에 급제해서 문신으로 출세하는 길도 열려 있었지만, 무신이 되는 것보다 훨씬 더 어려웠다. 그러니 문신과 무신 사이에 차별이 있는 것은 오히려 당연했다.

그럼 왜 이때 무신들의 불만이 폭발했을까? 역설적으로 고려 전기 내내 무신들의 지위가 상승한 결과였다. 멀게는 대거란 전쟁과 9성 개척에 참여하고, 가깝게는 이자겸의 난과 묘청의 난을 진압하는 과정에서 군을 지휘한 무신들의 역할이 중시되었고, 그에 합당한 대우를 요구할 정도로 지위가 상승했다. 이런 상황에서 가까이는 의종의 실정이, 좀 더 멀리는 12세기 들어 계속된 지배층 내부의 분열이 원인이 되어 무신들이 반란을 일으켰던 것이다.(무신들도 엄연한 지배층의 일원이었다는 사실을 잊어서는 안 된다.)

의종은 소수의 측근과 어울리며 정사를 돌보지 않았고,(이 점에서는 조선의 연산군과 아주 비슷하다.) 문신들에게서도 국왕으로서의 권위를 인정받지 못했다. 또한 점차 성장하던 무신들의 불만을 해소하거나 무마할 수 있는 정치력도 발휘하지 못했다. 그 결과 1170년 8월 30일에 보현원에서 일어난 우연한 사건이 무신들을 격발시켜 정변을 일으키게 했는데, 당시 상황으로 볼 때 비단 그 날과 그 일이 아니었어도 언젠가 일어날 일이었다.

8월 30일, 정중부와 이의방, 이고가 주동이 되어 문신들을 살육하면서 정변이 시작되었다. 다음 날인 9월 1일, 국왕 측근의 환관들이 정변 세력을 제거하려다 실패했고, 이를 빌미로 9월 2일에 의종이 폐위되고 문신들이 또 한 번 살육당했다. 무신 정변은 이렇게 사흘 동안 계속되었다. 그로부터 3년 뒤에는 문신 김보당이 무신 정권에 반대해 군사를 일으켰다가 진압되었다. 이를 계기로 문신들에 대한 탄압이 또 일어나 수많은 문신이 목숨을 잃었다. 정변에 가담한 군인들이 소리쳤듯이 문신의 씨를 말렸다.

무신 정변의 의미는 단지 무신이 아니라, 무신을 배출한 사회계층에 눈을 돌릴 때 제대로 이해할 수 있다. 고려는 지방 호족들이 세운 나라였고, 호족은 국초의 중앙집권화 정책에 밀려 독립성을 잃고 지방의 향리로 격하되었다. 하지만 고려의 향리는 (조선의 향리와 다르게) 과거에 급제해 문신이 되거나 여러 방법으로 무신이 되어 지위를 상승시킬 수 있었고, 가문을 잘 유지하면 문벌 귀족이 될 수도 있었다. 그런데 문벌 귀족 사회가 안정되자 오히려 폐쇄성이 강화되었고, 그에 대한 불만을 서경 출신의 신흥 세력이 일차로 폭발시켰지만, 이번에는 더 광범한 저항으로 나타났다.

따라서 무신 정변은 문신에서 무신으로 권력이 수평 이동한 것이 아니라,(그렇다면 권력 교체 이상의 의미를 갖기 어려웠을 것이다.) 문벌 귀족 등 상층 지배층에 대한 중하층 지배층의 도전이자 세력 교체로서 역사적 의미가 있다. 그래서 무신 정권은 정변 이후 무려 100년을 지탱할 수 있었다.

그러나 정변을 일으켜 권력을 장악한 무신들에게 당장 문신들을 대신해서 국가를 통치할 능력을 기대하기는 어려웠다. 문신들은 공포 속에 관직을 버리고 숨어 버렸고, 무신들은 권력을 독차지하기 위해 이전투구를 벌였다. 무신 정변 이후 당분간 사회의 혼란은 불가피했다.

무신 정변 3일

사치와 향락에 빠진 고려 제18대 국왕 의종.
문신들과 어울려 논 지 벌써 여러 해였다.

궁궐 밖으로 나도는 왕을 호종하며
마음속에 불만이 쌓여 가는 무신들.

1170년 8월 30일,
그날도 의종은 놀이를 즐기기 위해
보현원으로 행차한다.

하지만 어가보다 먼저 들어가
보현원의 병력을 장악한 무신들은
수많은 문신을 살육한다.

　　"문신의 관을 쓴 놈들은 서리라 할지라도
　　단 한 놈도 살려 두지 않을 것이다.
　　놈들의 씨를 말려 버려라!"

1170년 9월 1일,
의종을 모시는 환관들이 모여
무신들을 막기 위해 모의한다.

그러나 밀고자가 계획을 누설하고,
환관 20여 명이 무신들에게 목숨을 잃는다.

1170년 9월 2일,
정변 3일째에 무신들은 의종을 폐위한다.

그리고 모든 것을 잃은 의종을 대신해
의종의 동생 명종을 새로운 왕으로 세운다.

향후 100년간 지속된
무신 정권이 시작된 것이다.

무신 정변의 원인

최원정 고려사에서 가장 유명한 3일이죠. 바로 무신 정변입니다.

이익주 사흘 동안 진행된 무신 정변은 고려사에서 대단히 중요한 의미를 갖습니다. 문벌 귀족에서 무신으로 집권 세력이 교체되죠. 이런 정치적인 변화와 더불어 사회적인 변화도 시작됩니다. 무신 정변이 일어난 1170년이 고려 왕조 500년의 중간에 해당하므로 고려 전기와 고려 후기를 가르는 분수령으로도 봅니다.

류근 저희도 학교 다닐 때, 무신 정변에 관해서는 꽤 자세히 배웠던 기억이 있어요.

이해영 무신 정변은 무신들이 그동안의 서러움을 폭발시킨 사건이 아닌가요?

최태성 말씀하신 대로입니다. 교과서에서는 무신 정변의 원인을 향락과 사치에 빠진 의종의 실정으로 보죠. 『고려사절요』에서도 "불행하게도 아첨하고 경박한 무리가 좌우에 나열되어 정치에 부지런해야 할 시간과 정력을 주색에 돌렸으며 풍월을 읊는 것으로써 신하와의 정치에 관한 의논을 대신하였으니, 점차 무인의 노여움이 쌓여 화가 장차 이르렀던 것이다."라고 평가합니다.

신병주 사치와 향락이 얼마나 도가 넘쳤는지, 의종이 잔치에 쓸 배를 만드는 데 3년 이상 걸린 데다 배 위를 전부 비단으로 화려하게 수를 놓았다고 해요. 그리고 연복정이라는 정자를 만드는데, 물이 얕으니까 많은 사람을 징발해 제방을 쌓게 해 엄청나게 노역에 시달리게 합니다.[†] 이렇게 힘들게 지은 연복정에서 주로 하는 일은 매번 술판을 벌이고 잔치하는 거죠. 그래서 심지어 『고려사』에는 "또 어제처럼 술판을 벌였다."라는 기록도 나와요. 기록하던 사관도 지친 거죠. 이런 기록을 보면 조선 시대 왕 연산군이 생각납니다. 진짜 닮았어요.

이규보의 묘 이규보를 비롯해 임극충 등 여러 문인이 연복정에 관한 시를 남겼다.

이익주 사치와 향락에 막대한 재정이 투입되면서 왕실 재산이 고갈되
자, 이제는 신하와 백성들의 집과 토지를 함부로 빼앗아 왕실 소
유로 하고 환관들에게 관리하게 합니다. 빼앗은 집과 토지에는
별궁을 짓기도 하고요.

> † 정자를 짓고 연복정(延福亭)이라 이름하고 기이한 꽃과 나무를 네 귀퉁이에
> 줄지어 심게 하였다. 물이 얕아 배를 띄울 수 없자 제방을 쌓아 호수로 만들었
> 는데, 그 땅은 흰 모래로 되어 있고 물살이 세차서 비가 오면 번번이 무너지고,
> 무너질 때마다 보수하여 주야로 쉬지 못하니 백성들이 매우 고통스럽게 여겼다.
> ― 『고려사절요』 의종 21년(1167) 6월

의종의 콤플렉스

최태성 사실 의종에게는 아픈 과거가 있어요. 인종의 장자로 태어나 일
곱 살 때 태자가 됐으니까 왕이 되는 것도 별로 문제가 없을 것
같잖아요. 그런데 그 과정이 순탄치가 않아요.

신병주 고려도 기본적으로는 장자를 후계자로 삼으니까 일단은 의종을

고려 인종의 시호를 올리며 지은 글 아들인 의종이 지어 바치는 형식으로 되어 있다.

태자로 삼았는데, 그때도 의종의 행동이 심상치가 않았죠. 어릴 때부터 놀기를 워낙 좋아하다 보니 아버지와 어머니가 보기에도 문제가 많아 보였나 봅니다. 특히 어머니인 공예왕후는 장남 의종보다 더 마음에 드는 차남 왕경을 태자로 세우고 싶어 해요.

류근   충분히 비뚤어질 만하네요. 근데 인종은 재위 기간에 이자겸의 난과 묘청의 난 같은 여러 가지 시련을 많이 겪은 왕이잖아요. 어떤 왕이나 마찬가지겠지만, 자기 뒤를 잇는 왕이 어떤 인물일지에 관해 고민이 특히 더 많았을 거 같아요. 그런데 하필이면 장자인 의종이 마음에 안 들었다니 안타깝네요. 그렇다고 명분 없이 태자를 폐해 바꿀 수도 없고 말이죠.

신병주 이런 상황을 보면 조선의 태종이 대단한 거예요. 이미 14년간 세자 자리에 있었던 양녕대군을 폐하고 능력 있는 셋째 아들을 세

154

자로 세웠잖아요.

이해영 그래도 양녕대군은 대신해서 왕이 된 동생이 세종이니까 결과가
좋았는데, 의종은 그대로 왕이 되면서 여러 가지 비극을 불러왔
네요.

문신과 무신을 차별한 의종

최태성 무신 정변의 원인으로는 문신과 무신 간의 차별도 있습니다. 의
종이 문신들과 계속 어울리면서 주지육림에 빠지잖아요. 그때
무신들은 그렇게 노는 왕과 문신들을 호위합니다. 여름에는 덥
고 겨울에는 추운데 그들이 노는 모습을 바라보면서 배는 고팠
을 테니 얼마나 짠합니까?

이해영 아니, 평소에는 전쟁에 대비해 열심히 훈련해야 할 무신들에게
뭐하는 겁니까?

최태성 게다가 정변이 일어난 그날, 아주 결정적인 사건이 있었습니다.

최원정 바로 그 결정적인 사건이 어떤 일인지 현장으로 가 보겠습니다.

고려 스포츠 중계석: 오병수박희

이광용 저는 요즘 고려 최고의 인기 스포츠 경기가 벌어지는 현장을
여러분께 전해 드리기 위해 의종이 보현원으로 행차하는 길
에 나와 있습니다. 박금수 해설 위원이 함께합니다. 지금이 음
력으로 8월 말입니다. 양력으로는 10월 초순 또는 10월 중순
이죠. 오늘 경기는 의종이 친견하지 않습니까? 그나저나 오늘
펼쳐지는 경기가 도대체 뭔지 다들 궁금하실 겁니다. 그 경기
는 바로, 의종도 사랑하는 수박희입니다. 해설 위원님, 수박희
가 뭔지 설명 좀 해 주시죠.

무용총의 수박도 고구려 고분의 벽화에 그려진 그림이다.

박금수 여러분께서도 잘 아시는 고구려 무용총의 「수박도」를 보면
두 사람이 서로 손으로 치고 발차기도 하면서 공격과 방어를
하는 모습이 나옵니다. 바로 수박을 하는 모습이죠. 손 수(手)
자에 두드릴 박(搏) 자를 씁니다. 즉 무기를 들지 않고 맨손으
로 겨루는 무예를 말합니다. 그런데 수박희는 수박에 놀이 희
(戱) 자가 붙었잖아요. 따라서 무예가 아니라, 수박이라는 무
예에서 파생된 스포츠로 볼 수가 있죠.

이광용 그런데 무신들은 이 경기가 반갑지만은 않을 것 같습니다. 안
그래도 연회장을 지키고 왕을 호위하느라 지쳤는데, 수박희
까지 하라니요. 게다가 문신들은 편안하게 둘러앉아 지켜보
는데 말이죠. 약 오르지 않겠습니까?

박금수 다 그렇지는 않을 거예요. 요즘은 전쟁도 별로 없지 않습니
까? 그런데 수박희에서 승리한 무신에게는 의종이 아주 큰 상
을 베풀거나,[†] 심지어는 승진을 시켜 주기도 했거든요.[‡]

이광용 아, 지금 경기 현장에 이소응 선수가 나타났습니다. 나이가 쉰
이 넘었지만, 그래도 대장군 아닙니까? 연륜을 앞세운 이소응
선수입니다.

박금수 반면에 상대 선수는 몸이 꽤 날렵해 보입니다.

이광용 그렇죠. 상당히 젊어 보입니다. 아, 경기 시작됐습니다. 이소
응 선수의 앞차기! 그러나 거꾸로 공격당해 나가떨어지고 맙
니다. 다시 한번 덤벼 보지만, 아, 이소응 선수가 복부를 맞았
네요.

박금수 타격이 심하겠는데요. 복부를 맞으면 숨 쉬기가 어렵습니다.
너무 일방적으로 수세로 몰리고 있습니다. 이소응 선수의 눈
빛이 흔들리네요.

이광용 이소응 선수, 이 상황을 어떻게 타개할까요? 아, 안타깝네요.
이소응 선수가 계속 공격당해 결국은 나동그라집니다. 이소
응 선수의 패배입니다. 패배한 이소응 선수, 경기장을 달아나
듯이 빠져나갑니다. 그런데 문신 한뢰가 그 앞을 가로막네요.
앗, 한뢰가 이소응 선수의 뺨을 때렸어요. 요즘 문신들의 관람
매너가 안 좋더니, 이런 일까지 벌어지네요.

박금수 경기장 분위기가 심상치 않은데요. 아, 지금 정중부 장군이 나
섰습니다. 한뢰에게 무슨 말을 하는지 들어 보죠.

정중부 이소응이 비록 무신이나 벼슬이 3품인데, 네 놈이 어찌 황상
폐하를 호위하는 대장군을 이다지 심하게 욕보이느냐? 네 놈
의 짓거리가 폐하의 권위를 짓밟고 훼손하는 일임을 어찌 모
르느냐?

이광용 화가 날만 합니다. 갑자기 대장군의 뺨을 때리다니요. 있을 수
있는 일입니까? 말도 안 되는 상황이네요.

박금수 이소응 선수가 종3품 대장군이에요. 실질적으로 최고위급 장

수거든요. 반면에 뺨을 때린 한뢰의 벼슬은 한참 아래네요. 종 5품입니다. 무신들 입장에서는 하극상 중의 하극상으로 볼 수 있겠습니다. 그런데도 의종은 뭐가 그리 재미있는지 박장대소하네요.

이광용 잠깐만요. 여러분, 속보입니다! 무신들이 정변을 일으켰습니다. 핵심 인물은 이의방과 이고라는 무신입니다. 수박희 경기가 끝난 지 몇 시간도 채 지나지 않았는데 이런 사태가 벌어졌네요. 해설 위원님께서는 이 상황을 어떻게 보십니까?

박금수 얼핏 보면 우발적인 사건 같지만, 사실은 아무래도 치밀하게 사전에 계획된 사건으로 보입니다. 지금 상황이 특수하지 않습니까? 왕이 궁궐과 도성의 밖에 나와 있어요. 이렇게 왕이 밖에 나올 때는 전투력이 가장 뛰어난 군사들로 이루어신 친위군이 왕을 호위하는데, 지금은 견룡군과 순검군이 의종을 보호하고 있습니다. 그런데 정변의 핵심 인물인 이의방과 이고가 바로 견룡군의 지휘관들이죠.

이광용 그러면 친위군이 곧 반란군이니, 정변을 일으킨 군사를 대적할 상대가 없는 거네요.

박금수 그렇죠. 현재 이 지역에서 유일하고도 가장 강력한 군사 집단이 정변을 일으켰는데 누가 막을 수 있겠습니까? 지금 무신들의 분노는 문신들을 향한 것이죠. 하지만 이런 아수라장 속에서는 왕의 신변 안전조차도 100퍼센트 보장할 수 없는 상황으로 보입니다.

---

† 무신에게 명하여 오병수박희(五兵手搏戲)를 하게 하였는데, (왕이) 무신들이 불만을 가지고 원망하고 있음을 알고 있어 후하게 하사하여 그들을 위로하고자 하였기 때문이다.
— 『고려사절요』 의종 24년(1170) 8월 30일

‡ 이의민은 수박을 잘 했으므로, 의종이 그를 총애하여 대정(隊正)에서 별장(別將)으로 승진시켰다.
— 『고려사』 「이의민 열전」

무신 정변 발발! 정변의 주역, 하급 무신

최원정 무신 정변의 주역은 가장 가까이에서 왕을 지키던 무신들이었다는 이야기군요.

신병주 무신 정변의 핵심 인물로는 흔히 정중부를 떠올리는데, 실제로는 이의방과 이고가 처음에 주동자 역할을 했습니다. 이 두 사람은 왕의 친위군인 견룡군에 속해 있죠. 직급을 보면 산원이라고 나오는데, 품계로는 정8품 정도입니다. 요즘 우리나라 군대로 치면 대략 대위급 정도죠. 아주 높은 직급은 아닙니다.

류근 이소응이 뺨을 맞은 이유가 도대체 뭘까요? 그때는 지위 고하를 막론하고 무신들이 멸시당하는 시대였던 건가요?

신병주 고위급 무신은 당장 먹고사는 문제는 별 지장이 없었습니다. 하지만 하급 무신이나 군졸들은 생계조차도 위협받을 정도로 어려운 상황이었어요. 특히 고려 시대에는 군인전이라고 해서 군인이 군역을 담당하는 대가로 받는 토지가 있었는데, 이 군인전도 제대로 지급받지 못합니다. 다른 관리들이나 궁방 같은 곳에서 빼앗아 가 버리죠. 게다가 이 무렵에 무신들은 군역의 의무 외에도 국가의 각종 토목 사업에 많이 동원됩니다.

최태성 이의방과 이고가 지금으로 치면 대위급이라고 하셨잖아요. 그 두 사람만의 힘으로 거사를 치르면 파급력이 좀 떨어질 수 있습니다. 그래서 전면에 내세울 최고위급 무신을 섭외할 계획을 이미 세워 놓았어요. 정변을 일으키기 4개월 전에 이의방과 이고가 정중부에게 접근해 이런 얘기를 합니다. "문신들은 기고만장해

취하도록 퍼마시는 반면, 무신은 모두 배고파 죽을 지경이니 도저히 참을 수 없습니다." 이에 정중부가 수락하죠.

이익주 사실은 정중부를 찾아가기 전에 찾아간 사람이 한 사람 더 있습니다. 역시 종3품 대장군인 우학유라는 사람입니다. 이 우학유는 아버지도 무신이었던, 대대로 무신을 배출한 가문의 장군인데, 다음과 같이 말하며 거절하죠. "내 선친께서 '저 문신들을 없애는 것은 썩은 나무토막을 부러뜨리는 것같이 쉬운 일이다. 하지만 우리가 저들을 몰아내면 그 화가 곧 우리에게 다시 닥칠 것이다.'라고 말씀하셨네."

이의방과 이고, 정중부를 포섭하다

류근 그러면 우리가 잘 아는, 이의방과 이고가 선택한 정중부는 어떤 인물입니까?

신병주 정중부는 황해도 해주 출신으로 젊은 날에 군에 입대해 승승장구합니다. 왕실의 호위 부대였던 견룡군 출신이기도 했고요. 정중부가 의종의 특별한 총애를 받는 계기를 『고려사』에서는 "격구로 인해 의종이 정중부를 아꼈다."라고 설명합니다. 지금도 스포츠 쪽으로 잘 맞고 취미가 통하면 금방 친밀해지잖아요. 게다가 정중부는 체구도 크고 장수로서의 능력도 있는 데다 의종의 비위를 아주 잘 맞췄던 것 같습니다. 기록을 보면 그 당시 개성의 궁궐인 수창궁의 북쪽에 왕명으로 출입이 금지된 문이 있었는데, 그 문을 정중부는 제멋대로 드나들었다고 합니다. 이 문제를 고려 시대의 감찰 기관인 어사대에서 지적하고 나서지만, 의종이 개의치 않을 정도로 아주 총애했던 인물이에요.

이해영 아니, 그 정도로 사랑과 신임을 받으며 잘나가던 정중부가 무슨 불만이 있어 하급 무신과 결탁했을까요?

측천무후의 아들 이현의 무덤 벽화에 묘사된 격구

이익주   정중부는 그 당시의 무신 가운데서도 이력이 조금 남다릅니다. 우학유처럼 대대로 무신을 배출한 가문 출신이 아닙니다. 본인이 지방의 군인으로 시작해 당대에 출세해서 상장군까지 오른 사람이죠. 어떤 의미에서 정중부는 권력 지향형 군인이었다고 할 수 있습니다. 그런 점에서 정치적인 야망을 품을 수도 있었겠죠. 게다가 인종 때의 일입니다만, 정중부가 문신들에게 좋지 않은 감정을 품을 만한 사건이 하나 일어납니다.

최태성   무슨 사건인지 이야기하기 전에 먼저 정중부의 외모가 어떻게 기록돼 있는지를 살펴볼 필요가 있어요. 정중부에 관한 기록을 보면 "그는 용모가 웅장하고 뛰어나며 눈동자가 네모났고 이마가 넓었다."라고 나와요. 그리고 그다음이 포인트예요. "살결이 희고 수염이 아름다웠으며, 신장이 7척이나 되어 그를 바라보는 것이 두려울 정도였다." 수염이 아름답기가 쉽지 않습니다. 그냥 놔두면 금방 지저분해지거든요. 그런데 수염이 아름다웠다고 하니 정중부가 그만큼 수염을 아끼고 관리했다는 얘기에요. 어떤 용모인지 그림이 그려지시죠? 그런데 이 새파랗게 젊은 분신 중에 김돈중이라는 사람이 있어요. 이 김돈중이 실수로 정중부의 수염을 태운 거예요. 생각해 보세요. 그 아름답게 기르느라 엄청나게 공들였을 수염이 탔으니 정중부가 얼마나 화가 났겠습니까? 그래서 정중부가 김돈중을 때립니다. 김돈중은 바로 아버지에게 이르고요. 김돈중의 아버지가 누구냐면 바로 『삼국사기』의 저자 김부식입니다. 이에 김부식이 인종에게 청해 정중부에게 벌을 주게 하고요. 정중부가 열을 받을 만하죠.

류근 이의방과 이고가 제대로 골라 포섭했네요. 정중부가 지휘하고, 자기들은 행동대장을 맡는, 꽤 그럴듯한 모양새예요.

이익주 그렇습니다. 이의방이나 이고와 같은 하급 무신들은 위로는 정중부 같은 사람들이 품은 불만을 잘 알았고, 아래로는 병사들이 동원되어 아주 고생하면서 불만을 품은 것도 알았기 때문에 그 중간 다리 역할을 하기에 아주 적절한 위치에 있었다고 할 수 있습니다.

정변 첫째 날, 무자비한 살육전

최원정 무신들로서는 쌓인 게 많아 악에 받쳐 있었겠네요. 오랫동안 적절한 시기를 기다렸던 거예요. 그래서 그런지 치밀하게 준비한 거사로 첫날부터 기세를 확 잡았네요.

최태성   그럼요. 그날 수박희가 끝나자마자 이의방과 이고가 보현원에 먼저 들어가 어가가 들어오기 전에 왕명을 사칭해 병권을 장악합니다. 그 이후부터는 거침없이 나가요. 왕이 보현원에 막 들어와 신하들과 떨어지는 틈을 타서 왕의 측근과 문신들을 거침없이 죽이기 시작합니다.

이해영   제일 먼저 목표가 된 사람은 당연히 무신 이소응의 뺨을 때렸던 문신 한뢰겠네요.

신병주   무신들이 워낙 거세게 일어나니까, 한뢰도 자기가 위험하다는 것을 깨닫고 의종에게 달려갑니다. 그리고 의종 옆에 있는 탁자 아래에 숨습니다. 목숨이 달렸으니까 체면을 따질 때가 아니죠. 그러자 정중부가 의종에게 "화근을 만든 한뢰가 아직도 주상의 곁에 있으니 빨리 보내 처형하게 해 주십시오."라고 이야기합니다. 한뢰는 왕의 옷을 붙잡고 살려 달라고 빌면서 안 나오려고 버티지만, 이고가 바로 끌어내 죽이고요.

류근   아무리 분노했다고 하더라도 신하가 왕 앞에서 명령도 없이 칼을 휘두른 거잖아요. 무신 정변은 명분상으로는 왕에게 반기를 든 게 아니라, 문신을 공격하겠다고 거병한 거 아닙니까? 이쯤 되면 상황이 특수하기는 해도 무신들을 처벌해야 하지 않나요?

이익주   그러지 않아도 "감히 어전에서 칼을 뽑느냐?"라는 질책이 있었습니다. 하지만 이의방이나 이고는 아랑곳하지 않고 살육하죠. 그날 문신 쉰 명 정도가 하룻밤에 죽임을 당했을 정도로 아주 무자비한 살육전이 펼쳐집니다.† 그런데 이때 김돈중이 정변이 일어난 것을 알고 먼저 개경으로 도망갑니다. 이의방과 이고는 김돈중이 태자에게 정변이 일어난 사실을 알려 개경 궁궐의 방어를 강화하는 것을 두려워했죠.‡ 그래서 빨리 김돈중의 집으로 사람을 보내 동향을 살폈더니, 김돈중이 아직 보현원에서 돌아오지 않았다는 겁니다. 김돈중이 숨어 버린 거죠. 그래서 이의방과 이고가 이제 일이 됐다며 안심하고 궁궐을 공격합니다. 김돈중의 비겁함이 무신 정변을 막을 마지막 기회를 날려 버린 거죠.

최원정 문신들이 눈앞에서 철퇴를 맞는데, 왕인 의종도 정말 큰 위협을 느꼈을 것 같아요. 그렇다면 의종은 어떻게 대응했을까요?

† 사람으로 하여금 길에서 소리지기를, "모든 문신의 관을 쓴 자는 비록 서리(胥吏)라 하더라도 씨를 남기지 말라."라고 하였다.
— 『고려사절요』 의종 24년(1170) 8월 30일

‡ 정중부 등이 놀라서 말하기를 "만약 김돈중이 성에 들어가 태자를 받들고 성문을 닫고 굳게 방어하면서, 반란 두목을 체포하라고 아뢴다면 사태가 매우 위태로워질 것인데 어쩌면 좋겠는가?"라고 하였다. 이의방이 말하기를 "만약 그렇게 된다면 나는 남쪽으로 가서 바다에 몸을 던지거나 아니면 북쪽으로 가서 거란족에게 투신하여 피하겠다."라고 하였다.
— 『고려사』 「정중부 열전」

의종, 무신들을 회유하다

보현원에 억류된 의종은
정변을 일으킨 인물들에게
갑자기 칼을 하사한다.

"짐은 상장군만 믿을 것이오."

이어 왕의 눈앞에서
문신들을 처참하게 살육한
정변의 핵심 인물들을
파격적으로 승진시킨다.

의종은 도대체 무엇 때문에
이러한 행동을 했던 것일까?

무신들을 회유하는 의종

류근 　눈앞에서 수많은 문신이 죽어 나간 것을 보니 상황을 되돌리기에는 이미 글렀고, 역시 무신들을 자기편으로 회유해야 살길을 도모할 수 있다고 판단한 것 같아요.

이해영 　그런데 무신들 입장에서 보면 왕의 급변한 태도가 진정성이 있어 보일 리도 없잖아요. 요즘 말대로 하면 진짜 영혼 없어 보이는 저 행동을 받아들이나요?

이익주 　저 상황을 의종의 시각에서 보면, 아주 터무니없는 행농은 아닙니다. 정중부가 출세할 수 있었던 것은 의종의 신임과 지원 때문이었으니까요. 그러니까 의종은 즉위 초부터 친위 부대를 키워 나가면서 개인적으로 신임할 수 있는 무신들을 후원했는데, 그중에서도 정중부가 가장 대표적인 사람이었던 겁니다. 따라서 의종이 지금까지 자기가 신임하고 지지했던 사람들을 통해 이 위기를 돌파해 보려고 생각한 것도 어찌 보면 당연한 일이라고 할 수 있죠.[†]

신병주 　무신들이 정변을 일으키기는 했지만, 체제를 바꾸겠다거나 왕을 폐위하겠다는 식의 목표를 내세운 것은 아니었습니다. 가장 구체적인 목표는 문신들을 확실하게 제거해서 무신의 힘을 보여 준다는 것이었기 때문에, 특별하게 의종을 해치려는 의도는 없었다는 거죠.

최원정 　근데 정말 그다음에 그 누구도 예상하지 못한 일이 벌어집니다.

> [†] 왕이 크게 두려워하여 그들의 마음을 위안하려고 여러 장수에게 칼을 하사하니 무신들이 더욱 교만하였고 횡포를 부렸다. (……) 왕이 더욱 두려워하여 정중부를 불러 난을 그치게 할 것을 의논하였는데, 정중부는 네네 하기만 하면서 대답하지 않았다.
> —『고려사절요』 의종 24년(1170) 8월 30일

환관 왕광취, 역쿠데타를 시도하다

개경의 궁궐에서 환관 왕광취가
뜻밖의 일을 벌인다.

정변 다음 날에 동료들을 모아
무신들을 치려고 모의한 것이다.

하지만 누군가의 밀고로
계획은 사전에 발각되고 만다.

분노한 무신들은 왕광취를 비롯해
왕의 행차를 따르는 측근 20여 명을
색출해 무참하게 살해한다.

이로써 정변을 멈추려던 시도는
무력하게 끝나고 말았다.

환관에게 권력을 준 의종

최원정 의종을 보호하려는 사람들이 문신이 아니라 환관이에요. 왜 환
　　　 관들이 나선 거죠?

이익주 그럴 만한 이유가 있습니다. 먼저 용어를 정리해 볼까요? 잘 아
　　　 시는 것처럼 환관은 거세한 남성이고, 궁궐 안에서 일하는 사람
　　　 들이죠. 이 사람들을 일반적으로 내시라고도 하는데, 고려 시대
　　　 에는 내시와 환관이 다른 의미로 사용됩니다. 환관은 우리가 아
　　　 는 그 환관인데, 내시는 거세한 남성이 아니라 국왕에게 총애받
　　　 는 젊고 유능한 문신 관료들입니다. 내시들은 늘 왕과 함께 있으
　　　 면서 지근거리에서 왕을 시종하는 사람들이죠. 문벌 귀족의 자
　　　 제들 또는 과거에 급제한 유능한 젊은 관료들은 내시가 되는 것
　　　 을 대단히 영광스럽게 생각했다고 합니다. 이처럼 고려 시대에
　　　 는 환관과 내시가 다른 개념인데, 의종은 왕권을 강화하면서 친
　　　 위군뿐 아니라 환관마저도 권력자로 만들어 놓아 그들과 함께하
　　　 는 측근 정치를 해 왔던 것입니다.

신병주 우리 역사 속에서는 환관들이 권력의 핵심에 있었던 시기가 거
　　　 의 없어요. 그런데 중국사를 공부하면 여러 중국 왕조의 멸망 원
　　　 인에 환관의 횡포가 대부분 들어갑니다.

류근 『삼국지연의』에도 십상시라고 해서 권력을 휘두르는 환관들이
　　　 나오잖아요.

신병주 그렇죠. 그만큼 중국은 환관의 권력이 강하고 횡포가 심했는데,
　　　 우리나라는 그렇지 않았어요. 그런데 유독 이 의종 때가 고려 시
　　　 대 중에서도 환관의 세력이 가장 컸던 시대입니다. 그래서 심지
　　　 어는 기록에도 "모든 권력은 환관에게서 나온다. 그리고 나라 안
　　　 의 간신들은 환관과 의형제를 맺고 백성들의 재물을 탈취하고
　　　 왕에게 아첨했다."라고 나옵니다. 이때 대표적인 환관인 정함이

측천무후의 아들 이현의 무덤 벽화에 묘사된 중국 환관의 모습

라는 인물에 관한 기록 중에는 "그의 대저택은 200여 칸에다 누
각의 화려함은 왕궁 못지않았다."라고 나올 정도입니다. 권력형
축재의 대표적 사례죠.

이해영 그러면 환관들이 왕에 대한 충심과는 관계없이 자기들의 권력을
유지하기 위해 무신들의 정변을 좌시할 수 없었다고 볼 수도 있
겠네요.

류근 그런 거 같은데요. 어떻게 보면 조금은 다른 의미로 생계형 쿠데
타 같습니다. 그런데 의종은 왜 그렇게 환관들이 권력을 잡고 전
횡하게 내버려 뒀을까요? 매일같이 열리는 연회에서 같이 놀았

던 문신들도 그렇게 달가워하지 않았을 것 같은 이상한 상황 아닙니까?

문신들을 향한 의종의 반감

최태성   반전이 좀 있어요. 사실 의종은 어려서부터 외척이나 문벌 귀족들이 난을 일으켜 왕을 위협하는 모습을 가까이서 지켜봤잖아요. 그러다 보니까 외척과 문벌 귀족으로 대표되는 문신들에 대한 반감이 상당히 컸습니다.

류근   이런 부분도 연산군과 비슷하네요. 연산군은 유학자들에게 반감을 드러냈잖아요.

최원정   의종이 문신만 총애해서 무신 정변이 일어났다고 봤는데, 사실은 문신을 싫어했다고요?

최태성   실제로 의종과 결혼한 아내들의 가문을 보면 비교적 한미한 가문이 많음을 알 수 있어요.

류근   태조 왕건 때부터 계속 고려 왕실의 혼인 정책에 관해 이야기가 나왔잖아요. 의종에게 외척과 문벌 귀족들을 배척하려는 강력한 의지가 있었다고 읽혀지네요.

신병주   그러한 의종의 의도가 상징적으로 드러난 대표적인 사례가 있습니다. 무신 정변이 일어나기 2년 전인 1168년 3월에 서경에 행차한 의종이 "묘청의 난 때문에 오랫동안 서경에 행차하지 못했는데, 짐이 이제 서경에 행차했다. 이제 낡은 것을 버리고 우리가 새것을 정해야 한다."라고 하며 신령(新令)을 반포해요. 그런데 그 신령을 보면 "첫째, 음양의 이치를 존중하고 따른다. 둘째, 불사를 존중한다. 셋째, 승려에게 존경을 바친다. 다섯째, 도교를 따르고 숭상한다."입니다. 뭔가 좀 이상하죠. 유교에 관한 말이 하나도 없다는 게 주목됩니다. 그러니까 의종의 신령은 유교 이

넘보다는 오히려 불교나 도교 또는 음양 사상을 담은 거죠. 그렇다면 왜 의종이 이런 신령을 선포했을까 생각해 보았을 때, 결국은 유교적 지식인들, 즉 문신들에 대한 반감을 떠올릴 수밖에 없습니다.

의종의 비정상적 왕권 강화

류근 그런데 희한하게도 술은 맨날 문신들과 마셨잖아요. 힘을 빼놓으려고, 정신을 혼미하게 만들려고 그랬던 걸까요?

이익주 의종은 문신 전체가 아니라 문신 가운데 어떤 특별한 사람들과 어울렸다고 봐야 합니다. 의종은 즉위 초부터 의도적으로 문벌 귀족이나 유학자 관료들을 멀리하면서 개인적으로 가까워질 수 있는 사람들을 의도적으로 키웁니다. 대표적으로 왕의 지근거리에 있는 환관과 내시가 있고, 친위군도 있죠. 이런 식으로 다소 비정상적인 방법으로 왕권을 강화했던 겁니다. 이들의 공통점은 전부 의종과 개인적으로 연결되어 있다는 것입니다. 왕에게 아첨함으로써 자기 지위를 유지할 수 있는 사람들이었다는 거죠. 그래서 의종의 측근 정치라는 것이 나타납니다. 측근 정치의 대표적인 사례가 앞에 나온 정함이라는 환관에게서 보이는데, 정함은 의종을 키운 유모의 남편입니다. 고려의 법에 의하면 환관에게 7품 문반직을 주는 것은 안 되게 돼 있는데, 의종은 반대하는 간관들과 무려 7년 동안 싸운 끝에 정함에게 7품 관직을 줍니다. 이 정도로 의종이 자기 측근을 강화하는 데 아주 혈안이 돼 있었던 거죠.

최태성 의종이 얼마나 세게 나왔는지 기록을 보시면 깜짝 놀라실 거예요. "경들이 고신[1]에 서명하지 않으니 신하로서 임금을 사랑하는 도리가 아니다. 만약 서명하지 않는다면 모두 죽여 젓을 담글 것이다."

신병주 의종의 협박을 정확하게 실천한 사람이 있어요. 의종과 꼭 닮은 왕, 바로 연산군은 진짜로 행동으로 옮겼죠. 의종 이야기를 계속 듣다 보니까 의종과 연산군이 정말 닮아 있습니다.

최원정 그래도 연산군과는 조금 다르죠. 의종은 말만 했잖아요.

신병주 조선에서는 왕이 독재적 성향을 보이면 대간이 상당히 강력하게 비판합니다. 마찬가지로 고려에서도 대간들이 의종을 강하게 비판했지만, 오히려 의종은 신하들의 목숨을 위협하죠. 이런 행동이 당장은 의종 자신의 권력이 커지는 것처럼 보이게 해도, 결과적으로 보면 국가의 시스템을 무너뜨리는 결과를 가져옵니다.

류근 의종이 점점 혼군의 길로 가네요.

이익주 의종이 24년 동안 왕위에 있으면서 대간들을 계속 탄압해 쫓아내고, 심지어는 죽이겠다고 협박하다 보니 대간 중에서 뜻있는 사람들은 관직을 버리거나 아무 말도 하지 않는 상황이 됩니다. 그래서 결국 왕에게 아첨하는 사람들만 남아 정치를 하는데, 이번에는 그들끼리 서로 경쟁하죠. 의종에게 태평세월에 글을 좋아하는 군주라거나 성인이라고까지 이야기하면서 아부로 경쟁하는 겁니다. 정치에서 소외된 문신 관료들도 이런 모습을 바라보면서 의종의 정치에 대한 불만을 쌓아 나가고 있었고요.

이해영 결과적으로 의종 때는 문신과 무신을 가릴 것 없이 모두가 불만을 품었다는 거네요.

신병주 몇몇 측근 집단을 제외하면 그렇죠.

류근 사실 어떤 왕이든 인재 풀을 만들려고 하는 것은 당연한 일이잖아요. 그런데 국가적 시스템으로 인재를 키워야 하는데, 비정상적인 방법으로 시스템을 무너뜨려 가면서 자기 측근만 키우다 보니까 당연히 부패할 수밖에 없는 구조가 돼 버렸어요.

이해영 그러면 그동안 왕의 측근에서 권력을 휘둘러 온 환관들이 무신들의 갑작스러운 등장으로 불안감을 강하게 느꼈을 것 같네요. 그런데 왕광취가 역쿠데타에 실패함으로써 의종을 코너로 몰아 버리는 결과를 낳았고요.

신병주 왕광취가 주도한 쿠데타는 무신 정변에 대한 역쿠데타적인 성격이 있잖아요. 그런데 왕광취라는 인물 자체가 의종의 큰 신임을 받던 환관이니까, 무신 정변을 일으킨 주체 세력들도 왕광취의 배후에는 의종의 사주가 있었을지 모른다고 의심하면서 의종을 살려 두면 위험하니 의종을 죽여야 한다는 쪽으로 의견이 기웁니다.

의종의 폐위

정변 셋째 날,
무신들은 의종을 강제로 폐위한다.

"황제는 폐위되셨소이다."

"놔라 이놈들아! 놔라!"

궁궐에서 끌려 나온 의종은
거제도로 유배당한다.

이어 이의방과 정중부는 군사를 거느리고
의종의 동생인 익양공 왕호를 찾아간다.

무신들이 새로운 왕으로 추대한 왕호.
그가 바로 고려 제19대 왕 명종이다.

그러나 실질적인 권력은
모두 무신들의 손에 있었다.
명종은 이름뿐인 왕이었다.

거제 둔덕기성 폐위된 의종이 유폐되었던 곳이다.

무신 정권의 서막

최원정 의종은 목숨은 건지고 유배를 가네요.

이해영 살육이라는 개념으로 가득 찬 정변인데 말이죠. 결과적으로 무신 정변으로 죽은 문신은 몇 명인가요?

최태성 목록이 있지는 않아 정확히 알 수는 없는데, 무신 정변이 전개된 3일 동안 140명에서 150명 정도로 보면 될 것 같습니다.

류근 어찌 되었든 3일 동안 150명 가까이 죽었다는 건 보통 일이 아니에요. 이쯤 되면 정말 피비린내가 납니다.

이익주 게다가 시체를 그대로 길에 둬서 시체가 산처럼 쌓였다는 기록도 있습니다. 그리고 상황이 이렇게 전개되자 살아남은 사람들도 모두 위험을 느끼죠. 그래서 살길을 찾아 나섭니다. 이의방과 이고의 제안을 거부했던 우학유도 그 두 사람이 자기를 죽일 수 있겠다는 생각에 이의방의 누이와 혼인해 살길을 찾습니다.

류근 진짜 고려가 걱정됩니다. 문신의 씨가 말랐다는 것은 실무를 볼 수 있는 관료들이 없어졌다는 얘기잖아요. 그런 상황에서 아무리 정권을 잡은들 어떻게 나라를 운영하겠습니까?

최태성 무신 정변 이후에 왕은 그냥 허수아비일 뿐이죠. 모든 권력은 무신들에게서 나오고요. 그전에 문벌 귀족 사회일 때는 문신들의 회의 기구가 도병마사였고, 무신들의 회의 기구는 중방이었습니다. 그런데 무신들이 정권을 잡으면서 중방이 권력의 중심이 되어 기능이 더욱더 강화되죠. 그래서 무신 정권 초기에는 중방을 중심으로 연합 정권이 구성되었는데, 그다음부터는 자기들끼리 논공행상을 두고 싸웁니다. 그러다가 결국 이의방이 결정을 내리죠. 자신의 반대 세력을 숙청하는 작업에 들어갑니다.

최원정 누가 이의방의 반대 세력이었나요?

최태성 그때 제거된 사람 중에 한 명이 이의방의 동지인 이고입니다.

이의방, 반대 세력을 숙청하다

신병주 사실은 이고가 먼저 공격에 나서려고 하죠. 이의방이 권력을 자꾸 독식하려고 하니까 이고가 선수를 쳐야겠다는 생각으로 승려들을 규합해 이의방을 공격하려고 계획합니다. 그런데 내부에서 밀고자가 나오죠. 그래서 이고의 계획에 관한 정보를 알아 낸 이의방이 직접 이고를 철퇴로 쳐서 죽입니다.†

최원정 어떻게 정변의 동지들끼리 이럴 수가 있어요? 예나 지금이나 권력 앞에서는 의리도 없는 겁니까? 진짜 이래도 되는 건가요?

최태성 이러한 모습이 앞으로 계속 반복되어 나옵니다.

---

† 이고는 왕이 되려는 뜻이 있었다. 비밀리에 (……) 불량배[惡少]들을 불러와 법운사(法雲寺) 승려 수혜의 방에 모이게 하고, 말 머리를 베어 그 피를 마셨다. 각각 칼을 소매에 감추고, 담장 사이에 숨어 있게 했다가 난을 일으키려고 하였다. (……) 이의방은 평소 이고가 자기를 핍박하는 것을 미워하였는데, 이때에 와서 채원과 함께 이고 등이 궁궐 문 밖에 도착하기를 기다렸다가 곧바로 철퇴[鐵椎]로 쳐서 그들을 죽였다.
— 『고려사』 「이의방 열전」

김보당이 마지막으로 남긴 말

1173년 8월, 동북면병마사 김보당이
군사를 움직여 반란을 일으킨다.

무신 정변을 일으킨
이의방과 정중부를 제거하고,
폐위된 의종을 복위시키려 한 것이다.

그러나 이의방은 즉시 토벌군을 보내고
난은 한 달 만에 진압되고 만다.

　　　"비록 이번 거병은 실패하였으나,
　　　조정의 모든 문신이 공모하였다!"

김보당이 죽기 직전에 남긴 마지막 말.
이는 끔찍한 후폭풍을 불러온다.

김보당, 무신 정변에 반대해 난을 일으키다

이익주 무신 정변에 대항해 문신들이 일으킨 대표적인 반란으로 김보당의 난을 꼽을 수 있습니다. 그런데 원래는 김보당이 무신 정변에 협조했던 문신이라는 사실을 생각하면 의미심장하죠. 김보당처럼 무신들에게 협력했던 문신들조차도 3년 정도 무신 정권을 지켜보면서 더는 희망이 없다고 판단했다는 것입니다. 물론 김보당이 스스로 권력을 차지하겠다고 개인적으로 욕심을 부렸을 수도 있죠. 어쨌든 이 김보당의 난을 계기로 문신과 무신의 대립이 또 한 번 표면으로 나타납니다.

최태성 김보당의 난은 후폭풍이 엄청나게 컸습니다. 김보당이 처형당하면서 자기가 일으킨 반란을 모의하는 데 문신들이 다 가담했다고 이야기했잖아요. 그래서 살아남은 문신들조차도 다 제거당합니다. 김보당의 난으로 말미암아 제2차 학살이 일어나면서 무신들이 더욱더 권력을 장악하는 계기가 됩니다.

이해영 김보당은 도대체 그런 말을 왜 했을까요?

최원정 문신들로서는 이런 자충수가 없을 거예요.

류근 김보당이 거짓말한 것 아니에요?

신병주 김보당으로서는 내가 사라지더라도 무신들에게 반발하는 세력은 여전히 크고 많다는 것을 이야기하고 싶었던 거겠죠.

이해영 그런데 오히려 역효과를 낸 셈이네요.

신병주 무엇보다도 김보당의 난이 결정적이었던 것은 김보당이 유배된 의종을 경주로 모셔 왔다는 점 때문입니다. 무신 세력은 의종이 살아 있는 한 의종을 보위하는 제2, 제3의 김보당이 나타날 수 있다고 보고 결국은 의종을 죽입니다. 『고려사』에 의하면 완력이 대단한 이의민이라는 무신이 의종의 허리를 꺾어 죽였다고 합니다.† 얼마나 끔찍하고 비참한 죽음이었겠어요? 이때 의종의 나이가 마흔일곱 살이었습니다.

고려의 일인자가 된 이의방

이익주 이때 경주로 이의민을 보내 의종을 죽이게 한 인물이 바로 이의
방입니다. 이의방이 이 당시에 실질적인 권력의 일인자로서 전
왕인 의종의 생사여탈권마저 가졌던 거죠.

최태성 그리고 이의방은 자기 딸을 태자비로 집어넣으면서 권력을 엄청
나게 키워 마침내 명실상부한 고려의 일인자로 등극합니다.

이해영 자리는 그대로인데 사람만 바뀐 셈이네요. 외척이나 문벌 귀족
으로 대표되는 문신들이 계속 득세했던 때와 뭐가 달라진 걸까
요? 이렇게 많은 사람이 죽은 끔찍한 과정을 겪었는데도 아무것
도 바뀐 게 없는 것 같아요.

류근 저는 무신 정변의 핵심 3인방 중에서 최고위 장수였던 정중부가
아니라 하급 무신이었던 이의방이 일인자가 되었다는 것이 무신
정변의 성격을 상징적으로 보여 주는 것이 아닌가 하는 생각이
듭니다. 어쨌든 무엇인가 변화가 일어난 것만큼은 분명해요.

무신 정변의 의미

이익주 무신 정변을 세 가지 다른 층위에서 볼 수 있을 것 같습니다. 무
신 정변을 아주 가까이에서 보면 의종의 측근 가운데 무신과 기
타 세력 간의 싸움으로 볼 수 있고, 조금 멀리서 보면 무신 전체
와 문신 전체의 대립으로도 볼 수 있습니다. 그런데 더 멀리서

보면 무신 대부분이 어디에서 왔는가 하는 문제까지 생각이 미
치죠. 그 당시 고려 사회에서 지배계급의 중하층을 구성했던 지
방의 향리 계층이 무신 대부분의 원류입니다. 향리들이 서울로
올라가 무신이 되고, 무신 정변을 통해 권력을 드디어 장악한 것
이죠. 이렇게 본다면 무신 정변으로 일어난 권력 교체를 중하층
의 무신이 상층의 문신들을 타도하고 권력을 잡았다는 식으로
설명될 수 있을 것입니다. 이런 점에서 무신 정변은 권력의 상하
이동을 의미하고요. 이때 권력을 잡은 무신들, 그리고 그 공급원
이 되는 지방의 향리층이 이후 전개되는 고려 후기 사회의 주인
공으로 등장합니다.

신병주 폭력과 살육이라는 아주 부정적인 수단으로 권력을 잡은 한계
는 지적되지만, 너무 한곳에만 몰렸던 고려 사회의 힘이 무신 정
변을 통해 좀 더 많은 계층으로 분배되어 그들이 성장할 수 있는
바탕을 만들었던 점은 주목해야 합니다. 사회 이동을 좀 더 역동
적으로 만든 사건임은 분명하죠.

최원정 일단은 고려 사회의 기존 신분 질서를 깨고 새로운 세상을 만든
사건이군요.

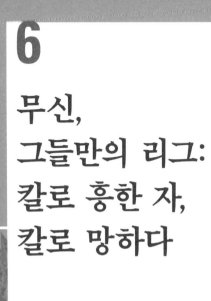

6

무신,
그들만의 리그:
칼로 흥한 자,
칼로 망하다

정중부와 이의방, 이고 등 무신이 정변을 일으켜 권력을 잡았지만, 그들의 권력은 유한했다. 자기들끼리 싸워 서로 죽이는 일이 거듭되었던 것이다. 먼저 정변에 성공한 지 채 1년도 안 되어 정변의 실제 주역이던 이의방과 이고 두 사람 사이에 틈이 생겼고, 이의방이 이고를 죽이고 최고 권력자가 되었다. 그로부터 불과 4년 뒤에는 이의방과 이고에 의해 정변 세력의 대표로 추대되었던 정중부가 이의방을 제거하고 권력을 잡았다. 하지만 그마저도 5년 뒤 경대승에게 죽임을 당했다. '권불십년(權不十年)'이라는 말이 무색할 지경이었다. 왜 이런 일이 벌어졌을까?

무신 정권은 여러 무신의 연합과도 같은 것이었다. 수많은 무신이 정변에 가담했고, 정변이 성공한 뒤에는 각자 자기 몫을 주장했다. 누구도 동료 무신들을 압도하지 못했으며, 중요한 정책은 고려 전기부터 상장군과 대장군들이 모여 회의하던 중방에서 결정되었다. 이러한 상황에서 권력을 독점하려는 시도는 언제나 다른 무신들의 견제를 받았다. 이고와 이의방, 정중부가 차례로 죽음을 당한 것은 실은 이런 이유에서였다.

또한 정변을 일으켜 권력을 장악한 무신들은 권력자로서 최소한의 소양을 갖추고 있지 못했다. 개인의 이익을 위해 권력을 남용했고, 때로는 상식에 벗어나는 일탈 행위를 보이기도 했다. 당시 사람들의 평가처럼 무신 권력자들은 권력을 제 맘대로 휘둘러 사람들의 반감을 샀다. 권력이 조금이라도 약해지면 금방 죽임을 당하게 되었던 것이니, "칼로 흥한 자, 칼로 망"하는 운명에서 벗어나지 못했던 것이다.

게다가 민심도 무신 정권에 호의적이지 않았다. 문벌 귀족의 지배 아래서 일반 민들은 권세가들에게 토지를 빼앗기고 과중한 수탈에 시달리는 일 등으로 불만을 품고 있었다. 이러한 점에서는 문벌 귀족 사회를 타도한 무신 정변을 환영할 법도 했지만, 실제로는 전혀 그렇지 않았다. 무신 정권 아래서 민란이 빈발한 것이 당시 민심을 보여준다. 서경유수 조위총이 무신 정권에 반대해서 군사를 일으켰을 때 서북 지방 사람들이 그에 호응한 것을 비롯해서 공주 명학소에서도 민란이 일어났다.

무신들은 수많은 문신을 죽이고 국왕마저 폐위해 권력을 잡았지만, 일반 민들에게도 외면을 당한 채 자기들만의 정권 쟁탈전을 벌였다. 파괴와 공포, 탐욕과 투쟁이 한 시대를 휩쓸었다. 이러한 세태에 대한 최소한의 자기반성에서 일어난 일이 경대승의 집권이었다. 정중부를 제거하고 집권할 당시 26세에 불과했던 경대승은 무신 정변에 가담하지 않은 최초의 무신 권력자였다. 경대승은 정변의 파괴적인 면을 비판하는 동시에 질서를 회복하자고 주장했다는 점에서 다른 무신 권력자들과는 달랐다. 하지만 경대승도 권력을 독점하고 싶은 유혹에서 벗어나지 못했고, 더욱이 5년 만에 병사하는 바람에 권력은 다시 무신 정변에 참여했던 이의민에게 돌아가고 말았다.

이의민이 권력을 잡는 과정에서 중요한 역할을 한 사람이 명종이었다. 정변 직후에 의종을 폐위한 무신들이 옹립한 명종은 어떤 의미에서는 정변의 수혜자였다. 하지만 그보다 더 중요한 사실은 명종이 권력을 유지할 수 있는 길은 알지 못했지만, 무신 정변 이후 권력자가 수시로 교체되는 중에도 왕위를 유지함으로써 고려의 왕실이 온존되었다는 것이다.

조위총의 난으로 궁지에 몰린 이의방

1174년 9월, 서경에서 난이 일어난다.

"황도로 진격하여 하늘을 대신해
대역부도한 무부 놈들의 수괴
이의방과 정중부의 목을 베어
고려의 사직을 바로 세울 것이다!"

이의방은 난을 진압하기 위해
서경으로 군대를 보낸다.

하지만 토벌군은 크게 패하고,
분노한 이의방은 군사를 이끌고
직접 서경군을 진압하러 나선다.

하지만 예상치 못한 복병인
지독한 추위가 들이닥치자
결국 이의방은 철수하고 만다.

집권한 지 불과 4년.
이의방은 권력을 잡은 이래
최대의 위기를 맞은 것이다.

모스크바에서 후퇴하는 나폴레옹

무신 정권의 일인자, 이의방의 위기

최원정 무신 정변이 일어난 후 가장 먼저 고려의 실권을 틀어쥔 사람은 바로 이의방입니다. 정변을 함께 일으킨 동지 이고까지 죽이고 최고 권력자가 된 인물이죠.

류근 동지뿐만이 아니죠. 정변 이후에 왕을 교체하더니 결국에는 부하를 보내 폐위된 의종을 시해하지 않습니까? 그러니까 당대에는 왕보다 더한 권력을 휘둘렀던 인물이죠.

이윤석 그런 인물이 문신과 무신, 왕까지는 다 이겼는데, 추위에는 지고 말았네요.

최태성 추위가 정말 무섭습니다. 세상에서 가장 무서운 장군이 동장군이잖아요. 임진왜란 때도 조선의 엄청난 추위에 왜군이 큰 피해를 당했죠. 세계사적으로 봐도 나폴레옹이 혹독한 추위 때문에 결국에는 러시아 원정에 실패하잖아요.

이윤석 일본이나 나폴레옹은 외국에 가서 전쟁을 치렀기 때문에 익숙하지 않았을 수 있지만, 이의방은 국내에서 일어난 전쟁을 지휘했잖아요. 추위에 당한 건 준비가 부족해서라고 봅니다.

최태성 이의방이 급하기는 했나 봐요.

최원정 갑작스럽게 찾아온 추위여서 준비를 못 한 걸까요? 근데 무신 정변이 일어난 지 벌써 4년이 지난 시점이잖아요. 조위총은 왜 이제야 난을 일으킨 건가요?

이익주 바로 그 전해에 김보당의 난을 진압한 다음에 의종을 시해하는 일이 있었습니다. 이에 조위총이 의종을 시해한 책임을 묻는다는 명분으로 서경에서 난을 일으켰는데, 이때는 서경을 비롯한 북계 지역과 동계 지역의 일반 백성들이 중앙정부에 품은 반감을 이용합니다. 그래서 절령 이북에 있는 성 40여 개가 조위총에게 호응하면서 조위총의 난이 대단히 크게 번져 나갑니다.

신병주 이의방이 권력을 잡고 최고의 자리에 있기는 했지만, 이의방 정권의 토대가 아직도 상당히 허술하다는 것을 조위총의 난이 반증한 거죠.

최원정 이의방은 자신의 권력이 저렇게 취약하다는 걸 몰랐던 걸까요?

최태성 몰랐을 겁니다. 기본적으로 권력을 잡았으면 국정을 정상화해야 할 거 아니에요? 그런데 이의방은 국정 정상화는커녕 권력욕에 취해 난리를 칩니다. 예를 들면 의종이 사랑하는 첩을 취하기도 하고, 태후의 여동생을 겁박해 정을 통하기도 합니다. 게다가 자기 딸을 태자비로 집어넣어 권력을 마음껏 휘두르죠. 『고려사』를 보면 "이의방이 권세를 제멋대로 부려 조정을 혼탁하게 만들어, 모든 사람의 분노를 샀다."라고 나와 있어요. 알았으면 저렇게 행동할 리가 없죠.

최원정 저 지금 분노가 끓어올라요. 아니, 무인인데 기사도 정신 같은 것도 없어요? 왜 그렇게 여자들을 괴롭혀요?

이윤석   애첩을 뺏고 겁박해 정을 통하고…… 이런 일을 하기 위해 정변을 일으킨 걸까요? 오히려 나라를 망하게 하는 짓거리를 하고 있네요.

류근   자기 사욕을 위해 나라의 기강을 송두리째 허무는 거예요.

최원정   조위총은 난은 아직 수습이 안 된 거잖아요. 그러면 이의방은 추위가 물러날 때까지 기다리나요?

신병주   이의방이 다혈질에 성질이 급하니까 기다리는 일이 없는 사람이에요. 무신 정변을 일으킬 때도 그렇고, 이고를 죽일 때도 그렇고 속전속결, 일관된 성격을 보여 주죠. 그래서 다시 서경을 공격할 준비를 합니다. 군대를 재편성하면서 이번에는 좀 더 우위를 확보하기 위해서 각 사찰에 있었던 승군들까지 다 가담하게 해 공격하려고 하죠.

정중부, 이의방을 제거하다

정중부의 아들 정균은 승려 종참과 함께
이의방을 제거할 계획을 세운다.

1174년 12월,
정균과 종참은 이의방이 방심한 틈을 타
선의문 밖에서 이의방을 제거한다.

한때 고려 최고의 권력을 손에 쥐었던 이의방.
하지만 정균의 배신으로 모든 것을 잃고 만다.

이의방의 죽음과 정권 교체

최원정 난을 진압한 게 아니라 오히려 이의방 본인이 목숨을 잃었어요. 정변 동지 중 한 명인 정중부에게 배신당한 셈이잖아요. 그동안 자기가 한 일을 그대로 돌려받은 것 같습니다. 그래서 이제 정권은 이의방에게서 정중부로 넘어가고요.

신병주 『고려사』의 기록을 보면 정균이 종참이라는 승려를 사주해 이의방을 죽이는 걸로 나오거든요. 종참은 정균과 명종을 연결해 주는 역할까지도 하니까, 요즘 표현으로 하면 정치 참여형 승려로 볼 수 있죠.†

류근 이고와 이의방, 정중부까지 모두 쿠데타 동지잖아요. 그런데 저런 사람들이 어떻게 동지일 수 있었나 하는 생각이 들어요. 세 명에서 권력을 계속 수건 돌리듯이 하잖아요. 정확히는 수건이 아니라 칼을 돌리는 것이지만 말이죠.

이윤석 저는 정중부는 노련한 두목처럼 보이고, 이의방은 천둥벌거숭이 같이 날뛰는 행동대장으로 보여요. 그래서 이의방이 험한 일과 거친 일을 다 마쳐 놓으니까, 정중부가 뒤늦게 나타나 이의방을 제거하고 자기가 차지하는 거예요.

이익주 정중부와 이의방은 많은 차이가 있습니다. 정변을 일으킬 당시에 정중부는 정3품 상장군이었던 반면에 이의방과 이고는 정8품이었습니다. 지금으로 치면 장군과 위관급 정도의 차이가 나는데, 처음에는 이의방과 이고가 실적이 있었기 때문에 전면에 나설 수 있었지만, 고위급 무신들이 이의방과 이고 같은 하급 무신들에게 권력이 집중되는 것에 관해 점차 우려하고 반감을 품기 시작했던 것이지요. 이러한 상황에서 정중부가 이의방을 제거하고 권력을 장악하는 배경에는 정변에 참여했던 고위 무신들의 우려와 이제 고위 무신들이 권력을 잡아야겠다는 합의 같은 것이 작용한 것으로 보입니다.

최원정 이의방이 조위총의 난을 진압하지 못하고 죽었으니까, 난은 아직 수습된 게 아니네요.

최태성 당연히 진압이 안 됐죠. 조위총은 1년 정도 더 계속 싸우다가 잡혀 처형당합니다. 조위총이 죽었는데도 서경을 중심으로 한 서북면에서는 저항이 계속되고요.

이익주 조위총의 난이 막바지로 가던 무렵에는 공주에서 망이와 망소이의 난이 일어납니다. 무신들에게 반대하는 문신들의 저항이나 집권 무신 간의 권력 다툼으로 일어난 혼란이 이제는 일반 백성들에게까지 확산된 것이죠. 정중부도 이런 점을 알았을 테지만, 어떤 대책을 마련하지는 못합니다.

류근 무력으로 탈취한 권력이 그런 혼란상을 불러온 것 아닙니까? 그래도 어쨌든 정중부는 실권을 가지고 있잖아요. 뭔가 대책을 세워야 할 책임이 있어요. 그 엄청나고 대단한 권력으로 정중부는 뭘 했을까요?

> † 정중부의 아들 지병마사(知兵馬事) 상장군(上將軍) 정균이 몰래 승려 종참을 꾀어 이의방 형제를 죽이려고 하였다. 그런데 종참이 정균을 주모자로 추대하면서 왕과 가깝게 지내게 하니, 정균이 후궁[後庭]에 출입하는 데도 삼가는 것이 없게 되었으며 마침내 승선(承宣)으로 임명되었다.
> ―『고려사』「정중부 열전」

정중부 정권의 실정(失政)

최태성 이윤석 씨, 예전에 무신 정변에 관해 공부할 때 정중부는 어떤 이미지로 다가왔나요?

이윤석 이의방이나 이의민보다는 그래도 뭔가 좀 온화한 느낌은 있죠.

최태성 그렇죠. 보통은 정중부를 다른 무신들보다는 낮게, 나쁘지 않게 보는 경향이 있는데, 『고려사』에 따르면 정중부는 "성질이 본래 탐욕스러워 끊임없이 재물을 탐했다."라고 나옵니다. '얼마나 많은 백성의 재물을 빼앗았으면 이렇게 기록이 실렸을까?'라고 생각해 볼 수 있죠. 상당히 반전인 모습들이 기록에 있습니다. 심지어는 판대부사처럼 높은 자리에 있는 다른 관리의 땅마저 뺏으려고 해서 물의를 빚는 일까지 있었고요. 권력에 취해 권력을 놓지 못하는 겁니다. 그래서 일흔이 넘도록 실세의 자리에 계속 있는 모습을 보이죠.

이윤석   아, 고려 시대에는 원래 일흔이 넘으면 은퇴해야 하는 겁니까?

신병주   그때는 정년은 없죠. 다만 신라 시대부터 일흔 살이 되면 더는 관직을 수행하기가 어렵다고 봐서 관직에서 물러나는 게 일반적이었어요. 이것을 치사(致仕)라고 합니다. 그런데 정중부는 정말 노욕을 부렸는지, 일흔이 넘었는데도 관례대로 물러나기가 싫었던 거예요. '아, 어떻게 하면 내가 좀 더 관직에 있으면서 계속 권력을 행세하지?'라고 생각했을 텐데, 정중부의 주변에 모인 아첨꾼이 방법이 있다면서 아이디어를 제공합니다. 바로 궤장(几杖)을 하사받는 거예요. 궤는 팔걸이와 등받이가 있는 의자를 말하고, 장은 지팡이를 가리키죠. "안락의자와 지팡이를 하사할 테니 은퇴하지 말고 좀 힘들면 의자에 앉거나 지팡이를 짚으면서 계속 일해 주세요."라는 의미가 담겨 있습니다. 따라서 궤장을 받으면 관직에 계속 출사할 수 있는 명분이 생기죠. 기록을 보면 신라 시대 문무왕 때 김유신이 처음으로 궤장을 하사받았어요. 이 기록을 통해 김유신은 일흔이 넘게 살았다는 것을 파악할 수 있죠. 그리고 고려 시대에도 이런 전통이 이어져서 일흔이 넘은 신하를 관직에 계속 있게 할 때 궤장을 하사했는데, 그렇게 궤장을 받은 대표적인 인물이 바로 강감찬입니다. 다만 계속 근무하기 싫은 사람에게는 궤장을 받는 게 재앙이죠.

궤장 조선의 현종이 원로 대신 이경석에게 내린 지팡이와 의자다.

최원정   조선의 정승 황희가 그랬겠네요.

류근   황희가 진짜로 고생했죠. 세종에게 혹사당했잖아요.

신병주   그렇죠. 황희도 궤장을 하사받고 여든이 넘도록 계속 일합니다. 황희가 "저는 너무 나이가 들어서 더는 일을 못 합니다."라고 하면서 은퇴하려고 하니까 세종이 "앉아서 듣기만 해도 된다."라는 식으로 말리고요.

류근   근데 궤장이 자기가 받고 싶다고 해서 받을 수 있는 건 아니잖아요. 힘이 있다고 뺏을 수 있는 물건도 아니고, 왕이 하사해야 하는 거 아닙니까?

황희 초상

최태성 그래서 정중부가 예관에게 넌지시 얘기합니다.†

류근 왕의 옆구리를 찔러서 궤장을 획득했군요. 하는 짓이 이의방과 다를 게 하나 없네요. 초록은 동색이라더니, 정말로 쿠데타 동지가 맞아요.

최태성 그래서 『고려사』에 이렇게 기록이 나와요. "국사가 모조리 정중부의 손에 의해 처결됐고, 때로는 중방에 앉아 형벌의 판결을 내렸으며, 백관들은 그의 집을 찾아가 하례를 올렸다." 나는 새도 떨어뜨릴 정도의 권력을 가지고 있었다는 거죠.

이윤석 이의방이 잘못했을 때는 그래도 정중부가 조금은 제지했을 텐데, 정중부의 잘못을 막을 사람은 하나도 없는 겁니까?

최원정 정중부의 독주를 막아야 한다고 생각한 사람들이 있었습니다. 정중부 세력의 등골을 서늘하게 만든 사건이 발생하는데, 무슨 사건인지 한번 알아보죠.

> † 정중부는 나이가 이미 70살이 넘었는데, 권력과 관직을 놓으려 하지 않았다. 낭중(郞中) 장충의가 그의 뜻을 알아차리고 아부하기를 "재상에게 궤장이 내려지면, 비록 70살이어도 치사하지 않습니다."라고 하였다. 정중부는 기뻐하면서 예관(禮官)에게 넌지시 말해, 옛날 한(漢)나라 공광의 고사에 따라 궤장을 하사하게 하였다.
> ─『고려사』「정중부 열전」

고려 뉴스: 정중부 정권을 위협하는 익명의 방

이광용 1176년, 저는 지금 한 군부대에 몰래 나와 있습니다. 최근에 군부대마다 익명의 방이 나붙어 큰 소란이 일고 있습니다. 과연 어떤 내용이기에 온 군이 술렁이는 걸까요? 아, 마침 여기에 바로 그 방이 붙어 있습니다. 깜짝 놀랄 만큼 과격한 내용이 담겨 있네요. 제가 이 방의 내용을 해석해 드리겠습니다.

"시중 정중부와 그의 아들 승선 정균과 사위인 복야 송유인이 권력을 제멋대로 휘두르며 방자한데, 남적이 일어난 것은 그 근원이 여기에서 말미암은 것이다. 만약 군사를 내어 가서 토벌하려면 반드시 먼저 이들을 제거한 연후에야 가능할 것이다." 정중부 세력을 제거해야 한다는 내용이네요. 정중부 정권을 정면으로 공격하는 내용을 담고 있습니다. 일반 저잣거리도 아니고 군부대 내에 이런 내용의 방이 붙은 것을 보면 군부의 여론도 정중부 정권으로부터 상당히 돌아선 것으로 보입니다.

신병주   군부 출신이 군대의 지지를 받지 못한다는 것은 매우 심각한 거죠.

이윤석   그렇죠. 근데 정중부의 권세가 지금 하늘을 찌를 때인데, 어떻게 저런 방이 나붙을 수가 있는 건지 참 의아하네요.

이광용   얼마 전에 정중부가 병 때문에 은퇴하겠다는 의사를 밝혔습니다. 이 방은 정중부가 은퇴한다는 소식이 들리자마자 온 군에 나붙었습니다. 그런데 이상하게도 정중부 측에서 별다른 대응을 하지 않는 상황입니다. 심지어 이 소식을 전해 들은 정중부의 아들 정균은 겁을 덜컥 집어먹고 관직에서 물러나겠다고 밝힌 후에 출근을 아예 하지 않는 상황입니다.

이윤석   "박수 칠 때 떠나라."라는 말이 있는데, 이거는 지금 "방 붙일 때 떠나라."라는 느낌이에요.

류근   사실은 지금이 방을 빼기에 딱 적기입니다.

이광용   이번 사건, 정중부 정권이 출범한 이후 최대의 위기인 것만은 분명해 보입니다.

정중부 정권의 위기

이익주 저 방에서 '남적(南賊)'은 공주 명학소에서 난을 일으킨 망이와 망소이를 가리킵니다. 망이와 망소이의 난이 정중부 때문에 일어났다고 아주 정확하게 지적한 것인데, 저렇게 방이 붙음으로써 정중부는 더 긴장합니다. 관직에서 물러나면 자기가 살기가 어렵겠다고 판단하죠. 그래서 방이 붙었을 당시가 아닌 2년 뒤에야 물러나는데, 그때도 권력을 내놓지 않습니다. 물러난 다음에도 권력을 계속 유지하고 장악하며 행사할 수 있는 장치를 마련해 놓은 거죠. 그리고 정중부가 안하무인으로 행동하니까, 그 밑의 사람들까지도 권세를 믿고 불법을 저지릅니다. 한번은 정중부의 노비가 자주색 비단옷을 입고 길을 다니다가 어사대 관원에게 적발되어 잡혀가게 되자 도망갑니다. 그래서 어사대 관리들이 쫓아가서 겨우 잡았더니, 정중부가 어사대까지 가서 그 관리를 죽이겠다고 하고, 이 난동을 정중부의 아들인 정균이 말립니다.

최원정 노비가 자주색 비단옷을 입으면 안 되는 거예요?

이익주 고려에서 자주색은 가장 높은 관리가 입는 관복의 색이죠.

류근 왕족이나 귀족들이 입는 옷이겠네요. "정승집 개가 죽으면 사람들이 문상을 온다."라는 말도 있잖아요. 개도 그런데, 그 집 노비는 어떻겠습니까? 호가호위의 전형적인 사례네요. 정중부는 자기 집 노비조차도 함부로 건드리지 말라고 위세를 부린 거고요. 자기 권위가 상했다고 본 겁니다. 그래도 정중부보다는 아들인 정균이 좀 더 이성적이었던 모양이에요. 그때 말리지 않았으면 어사대의 관리들 목이 바로 잘렸을 거 아닙니까?

신병주 그렇다고는 하나 정균도 정중부와 별반 차이는 안 나요. 정균도 상당히 탐욕스러웠다는 기록이 많이 나옵니다. 대표적으로 정균이 태후가 소유한 별궁을 너무 탐내니까, 정중부 부자의 막강한 권력을 두려워한 태후가 그냥 줍니다.† 사실은 강탈한 거죠. 특히 정균은 공주에게 장가들 생각까지 해서 명종을 더 부담스럽게 합니다. 그전에 이의방은 자기 딸을 태자비로 삼으려고 했었잖아요. 그런데 이번에는 안 그래도 겁나는 인물이 사위가 되겠다니까 명종으로서는 화근을 가까이에 두고 사는 셈이 되어 정말 걱정되죠.

이익주　이의방의 딸을 태자비로 들이는 문제와 정균을 사위로 맞이하는 문제는 너무나 다른 문제입니다. 고려 시대에 왕실에서 행했던 근친혼 또는 족내혼은 현종 이후에 왕에 한해서는 뜸해집니다. 물론 없어진 건 아니고요. 그런데 고려의 공주는 태조 이래로 왕실 바깥의 사람과 혼인한 적이 거의 없습니다. 100퍼센트에 가까운 비율로 왕실 남자와 족내혼을 했는데, 정균이 명종의 딸과 결혼한다면 이는 고려가 건국한 이래 거의 최초로 왕실 바깥의 사람과 혼인하는 사례가 되죠. 따라서 정균의 행동은 그 당시로서는 아주 중대한 사건이었고, 공분을 크게 삽니다.

신병주　자기 치세에 전통이 깨진다는 것 자체가 명종으로서는 상당히 부담스러웠을 겁니다.

최태성　정균이 대형 사고를 쳤네요. 정중부 집안은 정중부 본인도 문제고, 아들도 문제인데, 사위도 문제입니다. 이 사위의 이름은 방에도 나온 송유인입니다. 송유인도 무신이기는 한데, 계산이 매우 빠른 사람이죠. 원래는 송나라 거상의 아내였던 사람에게 장가를 들었었어요. 그 여인이 돈이 많았거든요. 그런데 무신 정변이 일어나자마자 그 처를 섬으로 쫓아내 버리고, 정중부의 딸과 결혼합니다. 두뇌 회전이 빠른 사람이죠. 그리고 정중부가 정권을 잡은 다음에는 수덕궁을 달라고 해서 받은 다음에 왕실 못지 않게 사치스럽고 호화로운 생활을 합니다. 정말 집안사람이 다 비슷하죠.

최원정　아주 재빠른 기회주의자네요. 결혼으로 연거푸 자기 팔자를 고친 거예요.

최태성　이제 정중부에 관한 이미지기 많이 바뀌었죠?

류근　무신 정변을 괜히 정중부의 난으로 배우고 부른 게 아니네요. 돌아부면 이의방과 이고도 그렇고, 고려가 정말 명분 없는 권력의 각축장으로 변질되는 것 같아요. 이쯤 되면 누구든 나서 정중부 정권을 타도하자고 외쳐도 하나도 이상할 것 없는 상황이 된 것 같지 않습니까?

최원정　그렇죠. 실제로 정중부에게 칼을 들이대는 사람이 나타납니다.

> † 광덕리(廣德里)에 예전에는 태후의 별궁이 있었는데, 화재로 소실된 후 거처하지 않았다. 정균이 (그 터를) 사서 사저로 삼겠다고 청하니, 태후는 집값을 받지 않고 그에게 주었다. 정균은 장인들을 동원하여 크게 집을 지었다. 당시 왕은 수창궁(壽昌宮)에 거처하면서 태후의 병을 간호하였는데, 공사장과 궁궐 사이의 거리가 100보도 되지 않고, 태후의 1년 운수[歲行]에 꺼려야 하는[忌方] 방위였으므로, 왕이 이를 매우 싫어하였다. (그리하여) 여러 번 명을 내려 집 짓는 것을 그만두게 하려고 하였지만, 정균이 두려워 실행하지 못하였다.
> ── 『고려사』 「정중부 열전」

경대승, 정중부를 제거하다

1179년 9월, 정중부의 아들 정균은
믿었던 동료의 손에 목숨을 잃는다.
그 배후에 있는 인물은 청년 장군 경대승.

경대승과 그의 결사대는 궁궐 안에 있는
정균의 세력을 모조리 제거한다.

소식을 들은 정중부는 황급히 몸을 숨기고
경대승은 명종에게 정중부를 체포하라는
명령을 내려 달라고 청한다.

"난신적자들의 수급을 베라는
지엄한 황명을 내려 주시옵소서!"

"짐이 명하노니 황실에 불충한 대역죄인
정중부와 송유인을 추포하여 척살하라!"

결국 정중부는 금군에 체포돼 참수당한다.
동지였던 이의방을 제거하고
무소불위의 권력을 휘두른 지 5년 만이었다.

정중부는 자신을 최고의 자리에 올려 준
바로 그 칼 아래에서 생을 마감한다.

혜성처럼 등장한 경대승

최태성 정말 역사에서 배울 게 참 많아요. 권력무상이라는 것, 욕심내면 안 된다는 것을 계속 얘기해 주고 있어요.

류근 칼로 흥한 자, 칼로 망한다는 법칙이 거듭되고 있습니다.

최원정 무소불위(無所不爲)의 권력이 추풍낙엽처럼 스러져 가는 꼴을 보니 씁쓸하네요. 그래서 무신 정권의 권력은 정중부에게서 경대승에게로 넘어갑니다.

이윤석 무신 시대가 재미는 있는데, 집권자가 너무 자주 바뀌니까 좀 헷갈려요.

최원정 근데 아직 뒤에 더 있어요. 또 바뀝니다.

류근 근데 경대승은 무신 정변이 일어날 당시에는 한 번도 들어 본 이름이 아니잖아요. 도대체 어떤 인물인 거예요?

이익주 나이 때문에 무신 정변에는 참여하지는 않았던 사람인데, 경대승에 관한 기록을 보면 청주 사람으로 나옵니다. 본관이 청주라는 뜻이고, 아버지는 중서시랑평장사까지 오르는 경진이라는 사람입니다. 중서시랑평장사는 고려에서 문하시중에 이어 두 번째로 높은 관직이죠. 그러니까 상당한 고위 관리의 아들이고, 무신 정변이 일어나기 2년 전인 열다섯 살 때 음서[1]로 관직에 올라 교위가 된 경력을 가지고 있습니다.

이윤석 무신 쪽에서는 '금수저'가 아니었나 하는 생각도 드네요. 근데 아무리 집안이 좋았다고는 하지만, 무신 정변에 가담한 것도 아닌데 그렇게 어린 나이에 어떻게 권력의 핵심에 접근했는지 궁금합니다.

고려 무신의 출세 조건: 격구

최태성 기록을 보면 명종 4년, 즉 1174년에 경대승이 왕 앞에서 타구, 그

200

격구 장면을 묘사한 중국 명대의 그림

　　러니까 격구를 하는 모습이 등장합니다.† 그 어린 나이에 왕 앞
　　에서 격구를 한다는 얘기는 왕과 매우 가까이 있다는 얘기죠. 그
　　런데 아무나 왕 가까이 있을 수는 없잖아요. 당시의 실세인 정중
　　부가 자기의 믿을 수 있는 측근들을 왕 옆에 심어 논 거죠.
이윤석　정중부가 호랑이 새끼를 키운 것일 수도 있겠네요. 그러면 격구
　　시범이라는 게 어떤 정치적인 의미도 있을까요?
박금수　제가 설명해 드리겠습니다. 격구는 페르시아에서 발생해 비단
　　길을 따라 중국의 당나라, 그리고 고구려와 신라에 전해져 고려
　　시대에는 매우 성행한 스포츠였습니다. 그 의미를 보면 우선 격
　　구 행사를 주관하는 왕과 집권 세력으로서는 경기를 통해 새로
　　운 무사를 발굴하는 동시에 자기들의 위세를 대내외적으로 과시
　　할 수 있습니다. 그리고 경기에 참가하는 무사로서는 왕 앞에서
　　자기의 신체적인 기량과 장수로서의 자질을 선보여 출세할 매우
　　좋은 기회였죠.
신병주　경대승을 명종에게 추천한 정중부도 처음에는 격구를 잘해서 의

이여성이 그린 격구도

종에게 발탁되었습니다. 고려 시대에는 격구가 출세의 기본 코
스였어요.

최원정 수박희나 격구 같은 스포츠 하나쯤은 잘해야 왕의 눈에 띌 수 있
군요.

박금수 공놀이가 무예는 아니죠. 하지만 격구는 사람만 하는 게 아니잖
아요. 말과 같이하는 놀이입니다. 그래서 사람과 말을 동시에 집
단 전투 훈련을 시킬 수 있는 중요한 수단이 되었습니다. 또한
격구는 손에 장비를 들고 말을 타면서 하는 경기이기 때문에, 말
위에서 무기를 들고 펼치는 마상 무예의 기량을 향상하는 데 큰
도움이 됐죠. 격구채는 그 모양을 보면 공을 뜰 수 있는 특성이
있어요. 공을 뜬 격구채를 말의 가슴 앞으로 대는 기술을 할흉
(割胸)이라고 합니다. 그리고 상대가 이 공을 뺏으려고 하면 격
구채를 뒤로 빼는 기술을 방미(防尾)라고 하고요. 그 외에 원심
력을 이용해 공을 돌리면서 앞으로 계속해서 나가는 수양수(垂
揚手)라는 기술도 있습니다. 그리고 공을 위로 던져 올렸다가 받

격구를 시연하는 모습

으면서 미는 기술이 호접무(胡蝶舞)입니다.

이윤석   그런 멋진 기술들을 구사하면 왕의 눈에 띌 수밖에 없겠네요.

박금수   조선의 태조 이성계도 격구의 달인이자 스타였습니다. 「태조실록」을 보면 격구에 관한 기록이 나오죠. 이성계가 공을 세게 치면서 매우 빠른 속도로 몰아가는데, 공이 돌에 부딪혀 돌아와 말의 다리 사이로 들어가자 즉시 말 위에서 몸을 뉘어 뒤로 빠지는 공을 다시 앞으로 쳤다는 기록이 있어요. 그리고 또 한 번은 이성계가 앞으로 달려가는데 공이 말의 왼쪽으로 빠지자 등자에서 오른발을 빼고 몸을 뒤로 돌려 발이 땅에 안 닿은 상태에서 공을 치고, 다시 몸을 앞으로 돌려 원위치로 돌아오는 놀라운 기술을 보여 주었다고 합니다.[‡] 이렇게 격구에서 공을 빼앗기지 않고 경기에 이기기 위해 구사하고 개발한 다양한 기술이 발전해 전쟁에서 실제로 쓰일 수 있었죠. 다시 말해 자유로운 놀이를 통해 실제적인 전투 역량을 기를 수 있었던 것입니다. 이처럼 스타와 관중, 규칙과 기록 등의 형식을 갖춘 격구는 오늘날의 스포츠와

견주어도 빠지지 않는, 고려 시대 상류 계층의 스포츠였습니다.

> † 왕이 지유(指諭) 우광윤과 백임지, 행수(行首) 이관부와 송군수, 경대승, 견룡(牽龍) 차약송 등에게 명하여 격구[打毬]를 하도록 하고, 능견(綾絹)을 차등 있게 하사하였다.
> — 『고려사』 「세가」 명종 4년(1174) 5월 12일
>
> ‡ 말을 달림이 너무 빨라서 벌써 수양이 되었는지라, 공이 문득 돌에 부딪쳐 놀라 거꾸로 달아나[逆走] 말의 네 발 뒤로 나왔다. 태조는 즉시 위를 쳐다보고 누워 몸을 돌려서 말 꼬리에 부딪쳐 공을 치니, 공이 도로 말 앞 두 발 사이로 나오므로, 다시 쳐서 문밖으로 나가게 하니, 그때 사람이 이를 가리켜 방미라 하였다. 또 공을 운행해 칠 때는 또한 벌써 수양이 되어 공이 다리 기둥[橋柱]에 부딪혀 말의 왼쪽에 나가므로, 태조는 오른쪽 등자를 벗고 몸을 뒤집어 쳐서 이를 맞히고, 다시 쳐서 문밖으로 나가게 하니, 그때 사람이 가리켜 이를 횡방(橫防)이라 하였다.
> — 『태조실록』 「총서」

경대승의 불안한 정권 교체

이윤석   그러면 경대승은 한때 정중부와 매우 가까운 관계였다고 볼 수가 있는데, 왜 정중부를 제거한 걸까요?

신병주   『고려사절요』의 기록을 보면 경대승의 가장 핵심적인 논리 중에 하나가 복고입니다. "우리 무신이 권력을 잡았지만, 불법행위를 너무 많이 자행했으므로 과거로 돌아가 무신 정변 이전에 있었던 옛것을 회복해야 한다."라는 주장을 아주 강하게 피력합니다.

이윤석   그러면 정중부 쪽에 있는 다른 무신들이 가만히 있었을 것 같지 않거든요.

최태성   그렇죠. 정중부가 제거당하고 나자 다른 무신들의 분노가 끓어오릅니다. "우리 울분을 씻어 준 정중부를 경대승이 죽였으니 우리가 경대승을 토벌해야 한다."라고 나오죠. 무신들이 자기를 옭아매려 하니까 경대승이 얼마나 무서웠겠어요? 그래서 경대승이 100여 명을 모아 자기 집에서 같이 지내면서 자기 신변을 보

호하게 하고 훈련도 하는 조직을 만듭니다. 그게 바로 도방이죠.

이익주 경대승은 복고를 표방하면서 자기 앞 세대의 무신들을 제거하려고 했습니다. 그런데 문제는 무신 정변을 일으킨 이 무신들이 아직도 실권을 가진 상황에서 무신 정변 이전으로 되돌리는 것은 현실적으로 불가능했다는 겁니다. 많은 무신이 "어떻게 무신 정변에 참여하지도 않은 경대승이 저렇게 권력을 잡고 행사할 수 있느냐?"라는 불만을 많이 터뜨렸죠.

경대승의 복고

최원정 그러면 과거로 돌아가려는 움직임은 실제로 있었나요?

신병주 문신들로서는 다른 무신 집권자보다는 경대승에게서 희망을 보았습니다. 정중부를 제거하고 난 다음에 조정의 신료들이 경대승에게 하례하는 자리에서 경대승이 "왕을 시해한 자가 살아 있는데, 어찌 하례를 받겠는가?"라고 말하죠. 결국 왕을 시해한 자는 무신들이라는 얘기입니다. 이렇게 경대승이 복고를 표방하니까 왕을 시해한 당사자는 대단히 찔렸겠죠.

이윤석 의종이 워낙 충격적인 모양새로 죽었잖아요. 그런데 왕의 허리를 꺾어 시해할 정도인 이의민이 경대승을 무서워했을까요?

신병주 이때는 경대승이 권력의 실세였으니까 이의민도 상당히 불안해하죠. 그래서 경대승의 말을 듣고는 자기를 체포하러 올 것에 대비해 이의민도 나름대로 방어에 나섭니다. 여문이라는 커다란 문을 만들어 두고 경비를 세워요. 마을 여(閭) 자에 문 문(門) 자를 쓰는데, 이 여문이라는 형식이 개경에 있는 다른 무신들에게도 전파됩니다. 무신 간에 싸움이 일어날지도 모를 정도로 아주 험악한 분위기가 지속되죠.

이익주 이 시점에서 이의민이 도망가는 사건이 일어납니다. 이의민이

1181년에 병마사로 지방에 나가 있다가 개경에서 왕이 경대승을 처형했다는 잘못된 보고를 받습니다. 그런데 이의민이 그 보고의 근거를 제대로 확인하지 않은 채 "내가 경대승을 죽이려고 했는데 미처 아직 못 했다. 그런데 누가 그 일을 했다는 말이냐?"라고 하면서 기뻐하죠. 그리고 이렇게 기뻐했다는 소식이 경대승의 귀에 들어가고, 경대승이 알았다는 사실을 알게 된 이의민이 병마사직을 마치고 개경으로 돌아오자마자 병을 칭탁하고 고향인 경주로 낙향합니다. 근데 한 가지 유념할 점은 이 시기에 경대승이 모든 권력을 혼자 완전히 장악한 것이 아니었다는 점입니다. 실력이 있는 무신 간에 연립하는 형태로 정권이 유지되었죠. 게다가 이의민은 무신 정변에 직접 참여하고 의종을 직접 죽인 사람이기도 합니다. 어떤 의미에서는 정변을 일으킨 무신들을 대표하고 상징하는 의미가 있는 인물이죠. 그래서 경대승이 이의민을 제거하면 정변에 참여한 무신을 모두 제거한다는 의미로 비칠 수도 있어 그 반발이 대단히 컸을 것으로 예상됩니다. 경대승이 복고를 이야기하면서도 이의민을 제거하지 못한 데는 이유가 있었던 거죠.

최태성 　경대승이 정말로 복고를 하고 싶다면 자기가 가진 권력부터 내려놓아야 하는데, 경대승은 전혀 그러지 않죠. 오히려 도방을 중심으로 자기 권력을 휘두르는 모습을 보입니다. 일례로 도방에 있는 군사들이 잘못해 체포되면 무슨 일이 있더라도 빼내죠.† 정중부가 자기 노비에게 그랬듯이 경대승도 무슨 일이 있든 빼내려는 겁니다. 이런 식으로 권력을 남용하는 경대승의 모습을 보면 복고라는 주장의 설득력은 떨어지고요.

류근 　스물여섯 살에 권력을 잡았다고 하지 않았습니까? 근데 국가를 경영할 만한 실질적인 경륜과 연륜이 다 부족한 상태에서 너무 일찍 권력의 정점에 올랐던 게 아닐까 싶어요. 그러니까 힘은 있는데, 그 힘에 마땅히 따라야 하는 철학이 부족했던 것이 아닐까 하는 생각이 들어요.

신병주 그나마 그 이전의 무신 집권자들과 다른 점이 있다면 그래도 어쨌든 복고를 주장하며 "우리는 그 이전의 무지막지한 무신 집단과는 다르다."라는 차별화 전략을 썼던 것이 그래도 그 당시 사람들에게 어느 정도 인정받은 측면이 있어요. 가장 대표적으로 『고려사』에는 인물의 행적을 기록한 열전이 있는데, 무신 집권기 권력자 중에서 경대승만이 유일하게 반역 열전에 들어 있지 않습니다. 그 시대에도 경대승을 다른 무신들과는 어느 정도 다르게 보았다는 걸 확인할 수 있죠.

최원정 그런데 불과 스물여섯의 나이에 최고 권력을 쥔 경대승의 삶도 오래가지 않습니다.

† 당시 개경에 도적이 많이 일어나 스스로 경대승의 도방으로 일컬었는데, 유사(有司)에서 체포하여 옥에 가두면 경대승이 그때마다 석방하니, 이로 말미암아 (강도들이) 약탈을 공공연하게 자행하면서 아무 거리낌이 없었다. 경대승의 문객(門客)이 길에서 어떤 양가의 자제를 죽이자 유사에서 체포하여 죄를 다스리려고 하였지만, 경대승이 힘써 구해 피할 수 있었다.
— 『고려사』 「경대승 열전」

경대승의 꿈에 정중부가 나타나다

1183년, 경대승의 꿈에 나타난
죽은 정중부는 경대승을 꾸짖는다.

"네가 아무리 대의를 내세워 본들,
네 놈 또한 난신적자에 불과하기늘……
내가 너를 베어 원한을 갚을 것이다!"

이후 경대승은 시름시름 앓다가
젊은 나이에 숨을 거두고 만다.

무신 정권은 경대승의 죽음으로
갑작스러운 권력의 공백기를 맞는다.

얼마 후, 경대승의 빈자리를
한 인물이 차지하면서 나타나니,
무신 정변의 행동대장, 이의민이었다.

경대승의 죽음과 이의민의 귀환

최원정 한 시대를 호령할 것 같았던 경대승이 나이 서른에 허무하게 죽습니다.

신병주 기록을 보면 좀 허망한데, "경대승이 정중부가 나타나 큰소리로 꾸짖는 꿈을 꾼 후에 시름시름 앓다가 죽었다."라고 되어 있어요. 한편으로 보면 그만큼 경대승의 마음이 정중부를 죽인 일에 사로잡혀 있었다고 볼 수 있죠.

류근 이른 나이에 집권했지만, 많은 무신을 적으로 돌린 상황 아닙니까? 언제 변을 당할지 모르는 상태이니까 신경쇠약 같은 게 걸린 게 아닐까 하는 생각이 들어요.

최원정 이렇게 경대승이 죽고 그다음은 이의민이 권력을 쥡니다. 근데 이의민은 경대승의 눈치 보느라 경주로 내려갔었잖아요. 어떻게 다시 올라온 거예요? 자기가 오고 싶다고 와요?

최태성 경대승이 죽었으니까 이제는 자기 세상이 왔다는 마음으로 올라온 거죠.

이익주 명종이 이의민을 불러올립니다. 명종은 무신 정변으로 옹립된 왕이죠. 어떤 의미에서는 무신 정변의 수혜자이기도 하고 공범이기도 한 인물입니다. 잘 드러나지는 않지만, 무신 권력자들이 교체되는 것에도 영향을 미치고요. 다만 경대승이 복고를 외칠 때 명종도 결코 편한 상태는 아니었을 겁니다. 명종 자신도 그 복고의 대상이 될 수가 있거든요. 이런 상황에서 경대승이 죽자 자기를 보호할 수 있는 새로운 실력자가 필요했고, 그렇게 해서 선택한 사람이 바로 이의민이었던 겁니다.

이윤석 이의방에서 정중부, 경대승, 이의민까지 무신들을 계속 바꿔 가면서도 왕위를 유지한 것을 보면 나름대로 일종의 정치력이 있었다는 것은 인정해 줘야겠습니다.

지릉 고려 명종의 무덤이다.

신병주 흔히 하는 말로 "가늘고 길게 살자."라는 신조에 딱 맞는 왕이에
요. 고려의 명종이라는 왕은 1170년에서 1197년까지 무려 28년
간 재위했어요. 우리 역사에서 왕권이 없이 가장 오랫동안 재위
한 왕으로는 아마 1위일 겁니다.『고려사절요』를 쓴 사관들의 평
가가 핵심을 찌르죠. "왕은 천품이 아주 나약하고 여러 번 변고
를 겪어서 놀랍고 두려워하여 아주 심기가 약했다. 그래서 모든
군국의 기무는 무신들에게 견제 되었다. 심지어 희노애락까지
자신의 뜻대로 하지 못했다." 슬프지 않습니까? 결과적으로 보
면 명종으로서는 자기가 왕위를 유지하는 한 집권 세력은 누구
로 바뀌어도 상관없다고 적절하게 타협한 거죠.

무신들의 권력 다툼이 남긴 것

최원정 근데 명종은 이렇게 연명해서라도 자기 왕위를 유지했지만, 아무런 선택의 여지가 없었던 백성들의 처지를 생각 안 할 수가 없어요. 백성만 불쌍한 거예요.

류근 백성의 생명과 재산을 보호하는 게 국가의 존재 이유 아닙니까? 근데 최고 권력층에 있는 자들은 싸울 대로 싸우고, 그 밑에 있는 자들은 뇌물을 바치기 위해 백성들을 수탈하기 바빠 국가가 제 역할을 하지 않으니 백성들이 밥인들 어떻게 먹고살 수 있었을까 싶어요. 그러니까 당연히 민란이 끊이지 않았겠죠? 누구 하나 백성의 목소리에 귀를 기울여 주지 않았던 그 시대를 생각하면 참 안타깝다는 생각이 듭니다.

신병주 결과적으로 가장 소외받는 세력들이 백성이죠. 그래서 교과서에도 나오지만, 고려 시대에 농민과 천민의 반란이 많이 일어나는 때가 바로 이 무신 정변의 시점입니다.

최원정 무신들끼리 서로 죽이고 죽임당하는 권력투쟁 끝에 남은 건 결국 혼란이네요. 이 시대가 역사적으로 갖는 의미는 뭘까요?

류근 국가와 백성, 나아가 역사에 대한 아무런 성찰 없이 권력을 그냥 격구공처럼 두고 자기들끼리 한바탕 격구 경기를 벌인 것은 아닌가 하는 느낌을 받게 돼요.

이윤석 고려라는 배가 가라앉는데 계속 선장실을 탈취하는 사건이 벌어지는 거예요. 근데 누구도 키로 방향을 잡으려고 탈취하는 게 아니라, 선장 자리에 한번 앉아 보려고 탈취하는 일이 계속 벌어지는 현장이라고 생각합니다.

최원정 그러네요. 백성들은 다 수장되게 생겼는데 말이죠. 무신들 사이의 끝이 보이지 않는 권력투쟁은 도대체 언제 끝날까요?

이익주 이 시기를 무신들 상호 간에 권력투쟁을 벌인 시기로만 볼 수도 있지만, 눈을 돌리면 다른 한쪽에서는 민란이 발생해 고려의 일반 백성들이 끊임없이 자기들의 요구를 관철하려고 노력하는 모습이 보입니다. 즉 고려 사회의 아래로부터 에너지가 분출하는 모습이 보이죠. 그런데 무신 정권은 이런 에너지의 분출을 제압하지 못하고 오히려 하극상이 가능하다는 것을 보여 줌으로써 어떤 의미에서는 일반 백성들에게 희망을 준 측면도 있죠. 이때는 분명히 역사가 퇴보하고 있습니다만, 이후의 역사를 보면 이런 과정을 거치면서 성장한 신흥 사대부가 고려 후기의 새로운 사회를 만드는 출발점이 된다는 것에서 의미를 찾을 수도 있습니다. 그래서 역사의 발전이라는 것은 후퇴의 길을 거치고 극복해 나가는 과정에서 이루어진다는 점을 다시 한번 생각하게 합니다.

7

빼앗긴 비둘기, 최충헌 정권의 시작을 알리다

역사적으로 중대한 사건도 때로는 사소하고 우연한 사고에서 비롯된다. 1196년 4월 9일, 최충헌이 이의민을 죽이고 권력을 잡은 사건이 그랬다. 이로부터 4대 62년에 걸친 최씨 정권의 서막이 열리지만, 그 시작은 이의민의 아들과 최충헌의 동생이 비둘기를 두고 벌인 싸움에서 비롯되었다. 우발적인 사고가 역사를 바꾸었던 것이다. 이것을 그대로 받아들이면 역사란 그저 우연의 연속이라고 하게 되고, 역사의 필연성을 지나치게 강조하다 보면 최충헌이 싸움을 사주했다는 음모론에 빠지게 된다. 이 둘을 피하고, 이의민과 최충헌의 대립이 불가피한 상황에서 이 사건이 발생했기 때문에 별것 아닌 일이 큰 사건으로 번진 것이라는, 대세론은 어떨까?

무신 권력자 가운데 경대승에 이어 등장한 이의민은 여러 면에서 문제적인 인물이었다. 우선 그는 아버지가 소금 장수이고 어머니가 절의 노비여서 천민이었다. 다른 무신들이 대체로 향리 이상 신분이었던 것에 비해 확연히 눈에 띄는 점이었다. 뒷날 노비 만적이 무신 정변 이후 고관이 천예에서 많이 나왔다고 한 것은 대표적으로 이의민을 염두에 둔 것이었다. 이의민은 무신 정변 당시 맹활약을 해서(실은 사람을 많이 죽여서) 출세하기 시작했고, 결정적으로는 왕위에서 쫓겨나 있던 의종을 직접 살해해서 유명해졌다. 기록에는 의종의 척추를 부러뜨렸다고 전한다.

이의민은 무신 정변에 참여한 무신들을 대표하는 위치에 있었다. 이고와 이의방, 정중부가 차례로 죽임을 당하면서 그의 이러한 위상은 더욱 강화되었다. 경대승이 집권하자 병을 핑계로 경주로 피했지만 끝내 목숨을 부지한 것도, 경대승이 죽자 명종에 의해 소환되어 권력을 잡을 수 있었던 것도 이러한 이의민의 위상으로 설명된다. 또한 13년이나 집권하면서

'권불십년'의 저주를 푼 것도 정변을 일으킨 무신 가운데 더는 경쟁자가 남아 있지 않았기 때문에 가능한 일이었다.

하지만 무신 정변이 일어난 지 약 30년이 지나자 무신들 사이에서도 세대교체가 일어나고 있었다. 정변에 참여하지 않은 세대가 성장했고, 정변 세대는 이제 타도의 대상이 되었다. 이들에게는 정변으로 장악한 권력을 어떻게 유지할 것인지가 더 중요한 관심사였다. 새로운 세대를 대표하며 떠오른 사람이 바로 최충헌이었다. 최충헌은 비교적 뼈대 있는 무신 가문에서 출생했고, 정변 당시 별다른 활약을 하지 못했으나 이후 꾸준히 승진하면서 힘을 키우고 있던 터였다. 비둘기 사건으로 최고 권력자인 이의민을 제거한 뒤 자기 행동을 시역의 죄, 즉 이의민이 의종을 시해한 죄를 물은 것이라고 정당화했다. 정변 주체 세력의 불법행위를 인정하지 않겠다는 선언이었다.

최충헌은 권력을 잡은 뒤 곧바로 국왕에게 열 가지 개혁안을 제시했다. 이른바 '봉사십조'가 그것이다. 관리들이 일반 민의 토지를 빼앗은 것을 돌려주게 하고, 지방관의 기강을 바로잡아 민폐를 줄이는 등 민심을 수습하는 것이 주된 내용이었다. 무신 정변 이후에는 전국에서 민란이 일어나고 있었고, 최충헌은 무엇보다도 민의 저항을 정권의 불안 요소로 인식하고 있었던 것이다. 여기서 단순한 권력자가 아니라 정치가의 모습을 엿볼 수 있는데, 이 점에서 최충헌은 이전의 무신 권력자들과 달랐다.

물론 최충헌이 좋은 정치가였는지는 별개의 문제다. 봉사십조의 내용을 자신도 지켰는지는 의문이고, 민란이 일어나는 근본 원인을 해결하기보다는 강경한 탄압으로 대응했다. 그때까지 무신 정권의 동반자였던 명종을 폐위했으며, 자기에게 도전할 만한 사람은 비록 동생이라도 무자비하게 제거하고 권력을 독점했다. 이를 위해 사병을 강화했는데, 그 유지에 필요한 비용을 마련하기 위해서라도 각종 불법행위를 저지르지 않을 수 없었다. 그럼에도 불구하고 이때부터 무신 정권은 안정기로 접어들고 있었다.

최충헌, 이의민을 제거하다

1196년, 당대 최고의 권력자 이의민의 아들 이지영이
최충헌의 동생 최충수가 기르던 비둘기를 강탈한다.

이에 분노한 최충수는 급기야
이지영을 찾아가 항의한다.

  "소장이 몇 년간 공들여 기른 비둘기를
  장군께서 탈취해 가셨습니다.
  그 비둘기를 되돌려 받고자 하옵니다."

하지만 오히려 수모를 당한 최충수는
최충헌과 함께 이의민 제거를 도모한다.

  "우선 이의민을 척살한 연후에
  그 잔당들을 칠 것이다!"

최충헌과 최충수는 군사를 일으키고
무방비 상태로 급습당한 이의민 세력은
속수무책으로 당하고 만다.

결국 이의민은 최충헌의 손에 비참한 최후를 맞이한다.

62년간에 걸쳐 이어질
최씨 정권의 서막이 오른 것이다.

이름	최충헌	이의민
집안	무신 출신, 상장군 최원호의 아들	천민 출신, 소금 장수의 아들
최초 관직	음서로 양온령(良醞令)이 됨	고문을 견뎌 낸 인고로 경군이 됨

최충헌과 이의민의 비교

최충헌 대 이의민

최원정 무신 정변이 일어난 지 26년이 지난 시점인데, 무신 정권의 일인 자가 다시 바뀌었습니다.

류근 도대체 비둘기가 뭐기에 고려에서는 권력자를 바꾸는 도화선까지 된 건가요?

신병주 최충헌은 당대의 최고 권력자인 이의민을 제거하고 4대 62년간 최씨 무신 정권이 서막을 연 아주 중요한 인물이죠.

이익주 최충헌은 고려 역사상 권력이 가장 강했던 사람입니다. 최충헌의 무엇이 그러한 일을 가능하게 했는지 생각하면서 살펴보면 좋을 것 같습니다.

최태성 먼저 최충헌 형제와 이의민을 비교해 봐야 할 거 같습니다. 최충헌 형제에게는 있는데, 이의민에게는 없는 것이 있습니다.

이해영 출신 자체가 확실하게 다르네요. 최충헌은 상장군 최원호의 아들인데, 이의민은 천민 출신에 소금 장수의 아들이잖아요.

최태성 그렇죠. 집안 배경이 달라요. 출발이 다르다는 이야기죠. 최충헌은 아버지가 상장군이었기 때문에 음서를 통해 벼슬한 인물입니다. 반면에 이의민은 경주에서 형들과 함께 불량배 노릇 또는 깡패 노릇을 하다가 김자양이라는 인물에게 잡혀 들어가 고문을 당합니다. 결국 형들은 죽고 이의민 혼자만 살아남자 측은하게 여긴 김자양이 경군[1]으로 발탁해요.

이해영 이의민이 맷집을, 질긴 생명력을 인정받은 거군요. 정말 '금수

저'와 '흙수저'로 명확하게 대비됩니다.

류근 그런데 엄밀히 따지면 이의민 제거 사건의 발단은 최충헌이 아니라 그 아우인 최충수였다는 거 아닙니까?

신병주 그때 최충헌이 종4품 섭장군인 데 비해 최충수는 훨씬 하위에 해당하는 관직인 정8품 동부녹사였습니다. 당시의 평가를 보더라도 최충헌은 "젊어서부터 남에게 얽매이지 않고 기상이 뛰어났으며 남을 포용하는 도량이 넓었다."라며 긍정적으로 평가받는 반면에, 최충수는 "성격이 아주 시샘이 많고, 험악하고, 용맹하고, 사나웠다."라고 강하게 표현되어 있어요.

최태성 최충수와 이의민이 살짝 비슷한 면이 있기도 해요.

이해영 누가 봐도 최충헌 쪽에서 썼다는 게 뻔히 보이는 기록이네요. 형인 최충헌은 논리적이고 이성적이고, 동생 최충수는 감정적이고 맹목적이라는 거잖아요.

류근 일단은 대단한 형제였던 모양이에요. 이의민이 맨손으로 척추를 꺾어 의종을 시해했다고 하잖아요. 힘이라면 누구에게도 뒤지지 않을 이의민인데, 그런 인물을 이 형제가 단칼에 제거한 걸 보면 말이죠.

이익주 그 시점은 이의민이 최고 권력자의 자리에 오른 지 13년이 되었을 때입니다. 그동안 이의민은 무소불위의 권력을 행사해 모든 사람이 이의민을 두려워합니다. 관리들의 인사를 자기 마음대로 하는 것은 물론이고, 다른 사람의 집을 빼앗아 자기 집을 늘리고, 다른 사람의 토지를 빼앗아 자기 농장을 만들면서 횡포를 부리죠. 그리고 아들 중에 이지영과 이지광이 똑같은 일을 합니다. 자기 마음에 들지 않으면 함부로 사람을 죽이고, 심지어는 길을 가다가 미모가 뛰어난 부인을 만나면 겁탈하기도 합니다. 그래서 그 당시 사람들이 이지영과 이지광을 쌍도자(雙刀子), 요즘 말로 하면 '쌍칼' 정도로 부르죠. 여기에 천민 출신 권력자에 대한 반감이 더해져 모든 사람이 이의민이 죽기를 바라는 상황이 되어 있는 거죠.

류근   무신들은 집권만 했다 하면 하는 행동이 어찌 이리도 똑같은지 모르겠어요.

최원정   권력만 잡으면 여자들을 괴롭히는 게 일이네요.

신병주   이의민과 그 아들들이 워낙 폭정을 일삼고 망나니처럼 행동하니까 최충헌이 이의민과 그 아들들을 죽여 그들의 목을 저잣거리에 걸었을 때 모든 백성이 기뻐했다고 합니다. 특히 이의민에 대한 비난과 반감이 컸던 이유 중 하나가 이의민이 십팔자위왕설, 즉 이씨가 왕이 된다는 도참설을 믿고 왕의 자리까지 넘봤기 때문이죠.

최원정   근데 최충헌 형제와 이의민 사이의 갈등이 비둘기 강탈 사건 때문에 벌어진 거잖아요.

최태성   정말 우연하지 않은 일이 어마어마한 사건을 불러일으키는 거 같아요.

류근   근데 이지영은 최고 권력자의 아들인 데다 쌍도자라는 별명으로 악명 높은 인물이었잖아요. 함부로 대들었다가는 목숨조차 위태로울 지경이었을 거 같은데, 뭘 믿고 최충수는 이지영에게 대 놓고 화를 내고 따졌을까요? 급기야 죽이기까지 하잖아요. 도대체 그 비둘기가 뭐기에 그런 겁니까?

최태성   영화 같은 것을 보면 위급한 상황에 처했을 때 비둘기 다리에 쪽지를 묶어 날려 보내 소식을 전하잖아요. 드라마에서는 최충수가 빼앗긴 비둘기를 전서구로 묘사해요. 쪽지로 소식을 전하는 비둘기가 바로 전서구죠.

이해영   무인인 최충수가 전서구를 키운다는 건 말이 될 수 있지만, 그렇

제1차 세계대전 당시 스위스군의 전서구

다고 해도 비둘기잖아요. 전서구가 그렇게 엄청나게 중요한 존
재인가요?

최원정 그러면 역사를 바꿀 수도 있는 비둘기, 전서구에 관해 자세히 알
아보겠습니다.

전서구를 찾아서

이광용 21세기에도 전서구가 있다고 해서 그날의 추적꾼인 제가 찾
아 나섰습니다. 전서구를 찾아 도착한 곳은 경기도 고양시의
한 마을입니다. 각양각색의 비둘기가 반기는데, 그 수가 무려
500마리나 됩니다. 가와카미 아키히로 회장님, 비둘기는 어떻
게 자기가 사는 곳으로 돌아올 수 있나요?

가와카미 비둘기는 동물 중에서도 귀소본능이 가장 잘 발달되어 있습
니다. 머릿속에 'GPS'[2]가 있는 셈이죠. 비둘기는 태양을 이용
하거나 자기가 사는 지역의 냄새를 맡아 집을 찾아옵니다. 그
리고 비둘기가 전서구가 되려면 장기간의 훈련은 필수입니
다. 날기 시작하면 집과 가까운 곳에서 비둘기를 날려 돌아오
게 하는 훈련을 합니다. 그리고 500킬로미터, 1000킬로미터까
지 거리를 넓혀 가죠. 이렇게 훈련된 비둘기는 과거에는 전서
구로 쓰였고, 지금은 비둘기 경기에서 활약하며 유럽과 중국
등지에서 각광을 받고 있습니다.

이광용 비둘기의 가치가 천차만별이라 들었는데, 이곳에서 가장 비
싼 비둘기는 3000만 원이나 한다면서요?

가와카미 중국인 선박업자가 벨기에 경매에서 비둘기를 4억 4000만 원
에 산 사례도 있습니다.

이광용 그럼 회장님께서 가장 아끼는 비둘기를 누가 뺏어 간다면 어

벨기에 경매에서 거래된 비둘기에 관한 기사

떠실 것 같습니까?

가와카미 가만히 있지 못하겠죠. 아까 최충수라고 말씀하셨죠? 그 사람
마음은 잘 압니다. 저라도 똑같이 했을 거예요.

비둘기 한 마리, 정권을 바꾸다

이해영 4억 원이 넘는 가격이면 최고급 스포츠카나 다름없네요. 최충수
의 비둘기도 그 정도였다면 최충수의 집에 있는 최고급 스포츠
카를 이지영이 몰고 가 버린 셈입니다. 그런 비둘기를 강탈당한
다면 최충수처럼 행동할 수도 있을 거 같아요. 최충수의 마음이
이해됩니다.

이익주 그런데 유감스럽게도 『고려사』 같은 기록에는 고려 시대에 전서
구를 이용했다는 사실이 나와 있지 않습니다. 다만 비둘기를 키
웠다는 이야기는 있습니다. 예를 들어 고려 고종 때는 관리들이
비둘기를 키우는 일을 금지한 적이 있습니다. 관리들이 공무를
보지 않고 새를 기르는 데 열중했기 때문이죠. 공민왕도 궁궐에

서 비둘기를 키운 적이 있어 어려서부터 보고 자란 우왕이 비둘기를 좋아했다는 이야기가 있고요. 아마 최충수의 비둘기도 전서구라기보다는 관상용이었을 가능성이 좀 더 커 보입니다.

이해영 전서구가 아니라 관상용이었다면 오히려 최충수의 처지가 되어 생각할 때 더 화가 날 수 있을 거 같아요. 사적인 영역을 침범당했다는 생각이 들어 훨씬 더 자존심이 상하거든요.

신병주 지금도 자기가 정말 예뻐하는 애완견을 누가 뺏어 가면 큰 싸움이 날 수 있죠.

류근 근데 저는 최충헌 형제가 이의민을 치기 위해 비둘기 사건을 이용한 게 아닐까 하는 생각이 들기도 해요. 그냥 무언가 빌미가 필요했던 거예요. 그러니까 집에서 키우는 비둘기가 아니더라도 개가 되었든, 고양이가 되었든, 닭이 되었든, 하다못해 붓 하나라도 이지영이 가져가면 움직이려고 별렀는데 딱 걸린 거죠. 이지영이 유독 최충수의 집에 가서 비둘기를 가져갔다는 것도 이상하지 않아요?

신병주 그래도 비둘기가 기록에서 중요한 매개체로 나오는 걸 보면 그 당시에 최충수에게는 상당히 중요한 가치를 지녔던 것이 분명한 거 같아요. 그러한 점을 결과적으로는 빌미로 활용했던 거고요.

최충헌의 봉사십조

최원정 비둘기 강탈 사건의 결과로 최충헌 형제가 고려 무신 정권의 실세가 되었습니다. 그동안 정권을 잡은 무신들을 보면 대부분 서로 죽이고 권력을 휘둘렀는데, 최충헌은 어땠어요?

최태성 최충헌은 이전의 무신 집권자들과 다른 모습을 보입니다. 다른 무신들은 권력을 잡은 다음에는 지키기에만 급급한 모습을 보였는데, 최충헌은 바로 명종에게 개혁안인 봉사십조를 들이밀

제1조	왕은 정전(正殿, 연경궁(延慶宮))으로 환어할 것
제2조	필요 이상의 관원(용관(冗官))을 도태시킬 것
제3조	토지점유를 시정할 것
제4조	조부(租賦)를 공평히 할 것
제5조	왕실에 공상(供上)을 금지할 것
제6조	승려를 단속하고 왕실의 고리대업을 금할 것
제7조	청렴한 주·군의 관리를 등용할 것
제8조	백관으로 하여금 사치를 금하고 검약을 숭상케 할 것
제9조	비보(裨補) 이외의 사찰을 도태시킬 것
제10조	관리등용에서 인물을 가려 등용할 것

봉사십조

고 개혁을 하자고 요구합니다. 그 내용 중 대표적인 항목을 보면 다음과 같습니다. 제2조, 필요 이상의 관원을 줄일 것. 제3조, 토지 탈점을 시정할 것. 제8조, 백관에게 사치를 금하고 검약을 숭상케 할 것. 이렇게 매우 올바르고 반듯한 개혁안들을 제시하죠. 이제까지 권력을 잡았던 기존의 무신들에게서는 보기 어려웠던 모습이 최충헌에게서 보이는 거예요. 전망을 제시하는 새로운 유형의 모습이 드러나죠.

이해영 흉흉해진 민심을 달래고 잘못된 제도를 바꾸려는 모습을 보니 그동안의 무신들과는 다른 행보를 보여 줄 것 같습니다.

류근 어떻게 보면 지극히 옳은 이야기인데, 결론적으로 보면 최씨 정권에 대한 후대 평가가 좋지 않다는 걸 다 알잖아요. 제 생각에는 봉사십조를 올린 다른 의도가 있지 않을까 싶어요. 그동안 이의민이 망친 정치 때문에 민심도 흉흉해졌고 제도도 이미 낡았으니, 이제 자기가 바로잡겠다는 정치적 선전이 아니겠습니까?

이익주 최충헌은 자기가 잡은 권력으로 어떤 정치를 할 것인지를 생각

224

하고 제시하는 아주 독특한 모습을 보입니다. 중앙의 권력을 장악했으니 이제는 지방 사회를 안정시킬 때인데, 그 당시 각 지방에서 일어나던 일반 백성들의 민란을 어떻게 진압할지를 고민하는 정치가다운 모습이죠. 실제로 봉사십조는 성공을 거둔 것으로 보입니다. 최충헌이 집권하고 봉사십조를 제의하면서 지방에서 빈발하던 민란이 진정 국면으로 접어듭니다.

류근 　정치가 완전히 실종된 시대였는데, 드디어 최충헌이 등장하면서 정치가 재생하고 갱생하는 거네요.

최태성 　이때 최충헌의 움직임이 매우 흥미로워요. 권세를 얻고 승진한 내시 50여 명의 잘못을 명종에게 지적해 축출하게 하고, 왕자의 신분으로 승려가 되어 궁궐에 머물면서 정치에 관여하는 홍기와 홍추라는 인물들을 본래 있어야 할 사원으로 돌려보내고 나중에는 섬으로 유배를 보내죠.

류근 　봉사십조를 빌미로 삼아 명종의 측근들을 하나하나 제거하는 과정이 아닙니까? 무언가 심상치 않은데요?

이해영 　내시를 50여 명이나 제거했다는 것은 명종의 눈과 귀를 막고 손발을 다 못 쓰게 만드는 거잖아요. 음흉하네요.

최충헌, 명종을 왕좌에서 끌어내리다

고려 최고의 권력을 손에 쥔 최충헌과 최충수.

1197년, 최충수는 형 최충헌에게
명종을 폐위하자고 제안한다.

"나 최충헌은 대의를 거역한 황제를 폐하고,
새로운 황제를 옹립하기로 결단을 내렸다!"

병력을 일으켜 궁궐을 장악한 최충헌 일파.
모든 성문을 폐쇄하고
명종의 측근들을 처참히 제거한다.

결국 명종을 왕좌에서 끌어내리는 최충헌!

무신 정권의 격동 속에서 28년간에 걸쳐
왕위를 지킨 명종은 비참하게 폐위된다.

왕을 갈아 치운 최충헌과 최충수

최원정 최충헌이 이의민을 제거하고 정권을 잡더니 이제는 고려 제19대 왕 명종까지 폐위합니다. 진짜 올 것이 왔네요.

신병주 명종은 무신 정변이 일어난 직후 바로 무신들이 옹립한 왕입니다. 실권은 없었지만, 무신 정권의 실세들인 이의방이나 정중부, 경대승, 이의민 등이 죽거나 제거되는 과정에서도 굳건히 왕위를 유지하면서 여러 차례 타이틀을 방어했는데, 결국에는 최충헌에게 무너지는 거죠.

최태성 기록을 보면 당시에 태자 왕숙은 내원의 북궁에 있었는데, 최충헌의 사자가 와서 다그치자 태자비와 함께 궁궐 문을 걸어 나와 비를 맞으면서 역마를 타고 강화도로 쫓겨 갔다고 나옵니다.

이익주 우연한 일인데, 나중에 고려 고종이 몽골을 피해 강화도로 피난을 갔을 때도 비가 옵니다. 고려의 왕이 강화도로 갈 때는 비가 온다는 공통점이 있군요.

류근 조선의 선조도 몽진할 때 비가 왔잖아요.

이해영 역사를 기록하는 사람들이 비극적인 장면을 비로 강조하는 게 아닐까요? 영화감독들이 저런 장면에서 비를 내리게 하는 것과 비슷한 것 같습니다. 근데 명종을 폐위한 이유가 너무 말이 안 되지 않아요? "28년이나 되어 늙은 데다가 일에 염증을 느끼고 있다." 이게 왕을 폐위하는 논리입니까? 너무 얼토당토않은데, 명종을 폐위한 속셈이 무언가 따로 있겠죠?

류근 명종은 최충헌과 최충수가 옹립한 왕이 아니잖아요. 최충헌과 최충수의 말을 잘 듣는 새로운 왕을 세우고 싶었던 거겠죠.

이해영 최충헌이 이렇게 왕을 폐위할 정도로 권력이 셌다면 왕좌에 누가 있든 별로 상관이 없잖아요. 어차피 다 허수아비이니 모든 일을 자기 마음대로 할 수 있는데, 왜 구태여 번거롭게 명종을 폐위했을까요?

류근   그동안 권력의 정점에 있던 무신들도 기회는 있었지만, 왕을 함부로 바꾸지는 못했잖아요. 일종의 시범 케이스가 아닐까 싶어요. 명종의 폐위를 통해 "우리 형제가 마음먹으면 언제든지 왕을 갈아 치울 수 있다."라며 힘을 보여 준 거죠. 그 정도로 힘을 보여 주었으니 다들 알아서 기었을 거고요.

신병주   명종의 폐위는 시작에 지나지 않았습니다. 최충헌은 이어서 신종과 희종, 강종, 고종까지 무려 네 명의 왕을 옹립해요. 최충헌이 다른 무신 집권자와 큰 차별성을 보인 부분이 자기 입맛에 맞게 독자적으로 정치를 운영할 힘을 가졌다는 겁니다.

최원정   그러면 명종은 반항 한 번 못해 보고 폐위당해 끌려가는 거예요?

이익주   최충헌은 무신 정변이 일어난 지 26년이 되는 해에 집권합니다. 이때쯤 되면 무신 정변의 주역들이 전부 은퇴하거나 목숨을 잃어서 세대교체가 자연스럽게 이루어지는데, 최충헌이 바로 세대교체로 등장하는 새로운 세대를 대표하는 위상을 갖게 됩니다.

최태성   무엇보다도 권력을 재정립하기 위해서는 일단 무신 정권의 정통성을 확립할 필요가 있습니다. 근데 무신 정권의 아킬레스건이 있잖아요. 쿠데타를 통해 권력을 장악했다는 거죠. 그리고 그 아킬레스건을 해소할 수 있는 인물이 바로 최충헌이었다는 겁니다. 1170년에 무신 정변이 일어났을 때 최충헌은 가담하지 않았거든요. 따라서 최충헌이 상대적으로 객관적인 입장 속에서 권력을 재정립할 수 있는 최적의 인물로서 부각될 수 있었죠.

이익주   반면에 명종은 무신 정변을 통해 왕위에 오른 사람입니다. 따라서 최충헌이 명종을 폐위했다는 것은 무신 정변의 흔적을 이제 완전히 청산했다고 이야기할 수 있는 대목입니다.

최충헌의 힘, 문객

신병주 체제가 어느 정도 안정된 후에 집권했다는 시대적인 운 같은 것
이 최충헌에게는 분명히 있었지만, 그것만으로는 권력을 완전히
장악하기가 쉽지 않죠. 당시에 최충헌에게는 문객이라는 지원
세력이 있었습니다.

류근 조선 시대에 권세가의 집을 드나들던 사람들을 일컬어 문객이라
고 하지 않습니까? 그 문객이 고려에도 있었다는 뜻이에요?

이익주 그렇죠. 문객은 문하의 손님을 가리키는 말로, 주인집에 기거하
며 그 주인에게서 생활비를 받고 숙식도 보장받는 대신에 그 주
인에게 충성을 바치는 사람입니다.

류근 고용인과 피고용인의 관계 같은 거예요?

이익주 그렇습니다. 문객은 예속민 신분이 아니고 주인과는 그 어떤 혈
연적 관계도 없지만, 출세를 기대하며 주인과 사적인 주종 관계
를 맺었다고 할 수 있죠. 문객이 무기를 들면 사병이 되고, 글을
읽고 조언하면 참모나 비서가 됩니다. 이러한 문객은 무신 집권
기에 나타난 아주 독특한 존재라고 할 수 있습니다.

최원정 오늘날에도 있는 패거리 문화나 패거리 정치와 비슷한 면이 있
는 것 같아요.

신병주 조선 시대에 문객이라고 하면 학파적이거나 정파적인 결속력으
로 뭉친 동지를 가리키는 개념으로도 많이 쓰죠. 고려 시대의 문
객과는 용어의 의미가 다릅니다. 조선 시대의 문객들이 초를 밝
히고 학문이나 정치를 논하는 이미지라면, 고려 시대의 문객은
어두침침한 곳에서 칼을 들고 필요한 경우에는 살인도 불사하는
살벌한 이미지입니다.

최원정 최충헌의 문객은 수가 어느 정도였어요?

이익주 고려 시대에 무신들은 가동이나 가노로 불리는 사노비를 무장하

게 해서 사병으로 양성하는데, 그 밖에도 앞서 말한 것처럼 문객
들이 무장하고 사병의 역할을 합니다. 최충헌의 경우에는 휘하
에 문객이 가장 많을 때 3000명이었다고 합니다. 최충헌이 개인
적으로 유지하는 사병이 3000명을 넘는다는 이야기가 되죠.

류근 3000명이면 요즘 군대로 따져도 연대 병력 정도 되거든요. 이 많
은 사람을 어떻게 먹여 살려요? 국가보조금이 나옵니까? 하루에
세끼만 먹어도 한 명에 만 원이에요. 하루에 3000만 원씩 들어갑
니다.

최태성 근데 당시에 최충헌은 재산이 많았습니다. 산과 산을 경계로, 내
와 내를 경계로 할 정도로 어마어마한 토지를 가졌기 때문에 그
정도야 문제되지 않습니다.

이익주 최충헌이 그 많은 수의 문객을 먹여 살리려면 막대한 재산이 필
요했을 것으로 추정할 수 있고, 그 문객들이 저지르는 각종 불법
과 비리를 최충헌이 비호했을 것이라는 좀 더 현실성이 있는 추
정도 해 볼 수 있습니다.

이해영 조폭 집단이나 다름없었겠네요. 3000명을 최충헌이 직접 거두어
끼니마다 먹인 게 아니라, 어디 가서 하루에 3000만 원어치씩 빼
앗아 먹였겠죠. 너무 큰 금액이어서 아찔하네요.

형제 갈등의 서막

최원정 최충헌과 최충수가 명종을 폐위했으니 다른 왕을 올렸을 거 아
니에요? 어떤 왕을 추대했나요?

신병주 이때 최충헌과 최충수가 옹립하려는 왕이 서로 달라요. 최충수
는 종친인 왕진을 추대하려 했고, 최충헌은 명종의 동생인 왕민
이라는 인물을 새 임금으로 내세우고자 했어요. 내막을 보면 최
충헌이 더 합리적이죠. 고려 시대의 전통 같은 것 중에 하나가

압둘아지즈 알사우드 사우디아라비아의 초대 국왕. 사우디아라비아는 형제 상속을 하는 대표적 국가로, 초대 국왕의 아들 여섯 명이 왕위에 올랐다.

아들보다는 동생을 왕으로 삼는 경향이 강하다는 겁니다. 아무래도 나이도 되고 경험도 많은 사람을 선호하는 거죠. 명종도 의종의 동생이었고요. 그래서 최충헌도 마찬가지로 명종의 동생을 새 왕으로 삼자고 이야기했는데, 최충수가 종친인 왕진을 왕으로 옹립하려 했던 결정적인 이유가 어떻게 보면 너무 저급해요. 왕진의 여종에게 최충수가 마음을 두었기 때문이라고 기록되어 있습니다.

류근 왕으로 옹립하려는 이유가 "그 집 여종이 마음에 들어서"라니, 이건 정말 누군가가 최충수를 음해하려고 하는 흑색선전이죠.

이해영 그런 이유로 최충수가 왕진을 새로운 왕으로 밀었다면 최충헌으로서는 얼마나 당황스럽고 속이 탔을까요? 왕을 세우는 게 무슨 장난도 아니고 말이죠. 최충수가 어떤 성격인지 너무 잘 알겠습니다.

최태성 말이 안 되니까 최충헌도 최충수에게 "이 바보야, 내 말 좀 잘 들어 봐."라고 하면서 이야기했겠죠. "지금 네 말대로 왕진을 왕으로 앉히면 정통성이 떨어지니 금나라가 트집을 잡아 후환이 분명히 있을 것 아니냐? 생각 좀 해 보자."라고 설득해 왕민을 왕좌에 앉힙니다. 이 사람이 바로 고려 제20대 왕 신종인데, 이때 나이가 쉰세 살입니다. 형 명종이 오래 살아 왕위에도 오래 있었거든요.

류근 쉰세 살이라고요? 새로운 왕의 나이가 그 정도면 최충헌과 최충수가 자기들이 휘어잡을 수 있는, 말 그대로 이빨 빠진 호랑이를 옹립한 거네요.

이익주 신종이 고령이었기 때문에 최충헌과 최충수는 그다음 왕이 될 신종의 아들까지도 고려합니다. 신종이 명종의 동생이니까 정통성이 있다는 점 말고도 신종의 아들이 왕의 재목이라는 점까지 고려해서 신종을 옹립한 것으로 해석됩니다.

최원정 형제가 힘을 합쳐 최고 권력을 쥐었는데, 왕을 갈아 치우는 과정에서 약간의 의견 대립이 있었어요. 그런데 형제간의 의견 대립은 또 다른 사건을 낳습니다.

고려 뉴스: 최충수의 태자비 방출 사건

이광용 얼마 전에 왕위에 오른 신종의 며느리, 그러니까 고려의 태자비가 궁궐 밖으로 쫓겨났다고 합니다. 궁궐을 발칵 뒤집은 태자비 방출 사건, 그 뒤에는 최충수가 있었습니다. 최충수가 자기 딸을 태자비로 삼기 위해 태자 부부를 강제로 이혼시키려 한 겁니다. 그런데 형 최충헌이 동생 최충수를 찾아가 조카딸 과 태자의 결혼을 반대한다는 의사를 내비쳤습니다. 최충헌 과 최충수가 신종 옹립에 이어 또 한 번 갈등 국면을 맞은 것 입니다. 오늘은 특별히 최충헌의 그늘에 가려 늘 주목받지 못 했던 동생, 강제 이혼 사건을 일으킨 장본인인 최충수 씨를 모 시고 이야기를 들어 보는 시간을 갖겠습니다. 최충수 씨, 일단 이번 사건의 경위부터 간단하게 설명해 주시지요.

최충수 먼저 밝혀 둘 것이, 나 그렇게 무자비한 사람이 아니요. 내가 폐하께 내 딸을 태자비로 삼으시면 어떻겠느냐고 말씀드렸더 니, 폐하께서 별로 내켜 하시지 않는 것 같아 기다렸소. 근데 문제는 내 딸이 태자비로 들어가려면 지금의 태자비가 나와 야 할 것 아니요? 그래서 내가 나인에게 물어봤소. "태자비께 서는 나가셨냐?" 그랬더니 폐하께서 태자비를 내쫓으시대? 그게 다요. 난 아무것도 한 게 없소.

이광용 강요하지는 않으셨다는 거군요. 그런데 형님께서 반대하신다 고 들었습니다. 구체적으로 뭐라고 하시던가요?

최충수 우리 가문이 한미하니 내 딸을 동궁의 배필로 맞이하면 비난 받는다고 그렇게 걱정하시는데, 그게 말이 되나? 게다가 고려 에서는 원래부터 혼인을 통해 권력을 장악하지 않소?

이광용 그런데 제가 형님 되시는 최충헌 씨께 여쭈어 봤더니 예전에 이의방이 딸을 태자비로 만들었다가 결국 남의 손에 죽었던 사태가 재현될 것을 우려해 반대한다고 하시던데,† 어찌 생각 하십니까?

최충수 진짜요? 그건 처음 알았네. 형님의 마음이 그런 거였소? 야단 났구먼. 내가 형님께 가서 다시 이야기 좀 해야겠소.

이광용   잠깐만요. 가시기 전에 카메라 보고 형님께 영상 편지 한번 띄워 보시죠.

최충수   영상 편지라……. "형님, 내가 아둔했소. 미안하오. 형님 말대로 이 혼인 멈추리다. 형님, 사랑해요." 그럼 나는 가 보겠소.

이광용   최충수가 최충헌의 충고를 듣고 자기 딸을 태자비로 만들려던 계획을 포기하기로 했습니다. 형제간의 갈등이 아주 훈훈하게 마무리되는 분위기입니다. 네? 아니, 갑자기 이게 또 무슨 소식입니까? 형이 강력하게 만류하는데도 최충수가 다시 혼례 준비에 박차를 가하고 있다고 합니다. 아니, 최충수 이 양반은 무슨 갈대도 아니고 왜 이렇게 오락가락하는 거죠? 이에 대해 최충헌은 또다시 어떤 입장을 취할지, 이야기가 어떤 식으로 진행될지 정말 궁금합니다. 과연 형제의 앞날은 어떻게 될까요?

---

† "옛 사람들이 말하기를, '앞 수레가 넘어지면, 뒤 수레는 이것을 경계로 삼는다.'라고 하였다. 지난날 이의방이 딸을 태자와 혼인하게 하였다가 끝내 다른 사람 손에 죽었는데, 지금 그 전철을 밟아도 좋은가?"라고 타일렀다. 최충수는 하늘을 바라보고 긴 한숨을 짓기를 한참 동안 하더니 말하기를, "형님의 말씀이 옳으니, 감히 듣지 않을 수 있겠습니까?"라고 말하였다.
— 「고려사」 「최충헌 열전」

최충헌, 동생을 제거하다

최충수는 딸의 혼례를 다시 추진하고,
이 소식을 들은 최충헌은 마침내 결단을 내린다.

　　"황명이다. 대역죄인 최충수를 척살하라!"

궁을 향해 진격하는 최충수와
이를 막으려는 최충헌이 서로 충돌한다.
형제의 칼끝이 서로를 겨눈 것이다.

최충헌 부대의 공격에 최충수 부대는 참패하고
최충수는 겨우 몸을 피해 파주까지 도망친다.

하지만 뒤쫓아 온 최충헌 부대에 붙잡혀
결국에는 비참한 최후를 맞이한다.

　　"한치 앞도 내다보지 못한
　　내 아둔함이 원망스럽구나."

이후 최충헌은 누구도 대적할 수 없는
고려의 일인자로 우뚝 선다.

최충헌 대 최충수, 형제의 다툼

최태성 저렇게 해서 일인자가 되면 좋을까요?

최원정 권력이 뭐기에, 어떻게 형제끼리 저렇게 칼을 겨눕니까?

류근 권력은 정말 피보다 진하군요.

이해영 피붙이끼리 칼부림이 나니 참 안타깝네요. 근데 남들은 왕실과
혼인하지 못해서 안달인데, '이런 일로 형제간에 이렇게까지 피
바람이 불어야 하나?'라는 생각이 좀 들거든요.

류근 과거 이의방의 사례를 보면서 이른바 역풍이 불 것을 우려했던
거겠죠. 최충헌 입장에서 봤을 때 결혼을 반대한 건 정치적으로
꽤 올바른 선택이 아니었는가 하는 생각이 듭니다.

이해영 그런데 최충수는 결혼을 안 시키겠다고 했다가 다시 시키겠다고
하지를 않나, 왜 이렇게 왔다 갔다 할까요?

이익주 저 사태의 본질은 혼인이 아니라 최충헌과 최충수의 권력 다툼
입니다. 권력 문제 때문에 두 사람이 혼인을 둘러싸고 싸움을 벌
인 것인데, 최충수가 최충헌의 말을 듣고 혼인을 포기하려고 했
을 때 최충수를 따르던 문객들의 동향이 문제가 됩니다. 최충헌
에게 밀린 최충수가 문객들을 해산하고 혼인을 포기하려고 하자
문객들이 이렇게 말합니다. "공께서 세상을 덮을 만한 기개를 가
지셨기 때문에 저희는 공의 문객이 되었습니다. 그런데 지금 겁
을 내 나약해지시는 것은 저희를 파멸시키는 것입니다. 그러니
한번 싸워 승부를 겨루십시오." 딸을 태자비로 만드는 문제는 최
충수 혼자만의 문제가 아니라 최충수를 따르던 문객들의 운명과
도 직결되는 문제였기 때문에 최충수로서도 쉽게 물러서기가 어
려웠던 것이죠.

최태성 지금이야말로 승부수를 던질 때라고 말하는 거네요.

류근 최충수의 단순한 성정과 자존심을 문객들이 제대로 건드린 것

236

로물루스와 레무스 로마의 건국자인 로물루스는 쌍둥이 형제인 레무스를 살해함으로써 로마를 독차지했다.

	같아요. "당신이 여기서 물러나면 무인으로서의 기개도 자존심도 없는 거다."라고 말한 겁니다. 최충수가 이 말에 잘 넘어갈 것 같아요.
이해영	최충수의 마음이 약간은 이해됩니다. 어렸을 때부터 형에게 잔소리를 많이 듣고 혼도 많이 났을 것 같아요. "넌 이래서 문제야. 왜 이렇게 단순하게 구니? 생각 좀 해." 같은 이야기를 많이 들었는데, 문객들이 자기 마음을 알아주니 피를 나눈 형보다도 정말 자기편일지도 모르겠다고 생각했을 것 같아요.
류근	결론적으로 봤을 때는 문객들이 최충수와 공동 운명체인 것은 맞지요.
이해영	최충수가 형을 넘어서거나 형에게 맞서 기죽지 않으려면 왕실과 혼인해 높은 곳에 올라갈 필요가 있다고 느꼈을지도 모르죠.
류근	모르긴 몰라도 최충헌 역시 동생의 세력이 커지는 것이 탐탁치는 않았을 것 같아요. 최충수가 태자의 장인이 되면 권력이 최충

수에게 자동적으로 집중될 게 뻔하잖아요. 그래서 혼례를 반대
했던 게 아닐까 하는 생각이 든단 말이죠.

이익주 형제가 대립하는 상황에서 최충헌으로서는 당연히 그렇게 생각
했을 겁니다. 그 당시 최충헌에게는 가장 중요한 문제가 권력의
정당성을 어떻게 세울 것인가 하는 점과 권력을 어떻게 안정적
으로 유지해 나갈 것인가 하는 점이었습니다. 그런데 이의방이
만은 대저비로 들어버냈다가 과리들의 지탄을 받고 죽임을 당하
는 것을 최충헌은 봤단 말이죠. 그래서 최충수에게 이의방의 예
를 들면서 전철(前轍)이라는 말을 씁니다. 앞바퀴가 잘못 간 것
을 봐야 한다는 말이죠. 전철을 밟으면 안 된다고 고사를 들어가
면서 동생을 달래지만, 최충수는 듣지 않았어요. 이렇게 눈앞의
욕심보다는 정당성이나 안정성 같은 것을 생각하고 다른 사람들
의 눈을 의식하면서 정치를 하려는 것이 최충헌이 다른 무신 집
권자들과 아주 달랐던, 정치가로서의 면모를 보여 주었다고 할
수 있는 대목입니다.

최원정 근데 그동안 최충헌과 최충수의 행태를 보면 비둘기 강탈 사건
도 그렇고, 명종의 퇴위 문제나 태자비 이혼 사건도 그렇고 동생
이 먼저 일을 저지르면 형이 마무리해 주잖아요. 그래서 최충수
로서는 자기가 억지를 부려도 형이 잘 수습해 줄 거라는 생각을
하지 않았을까 싶기도 해요.

이해영 사실 일이라는 게 저지르는 것보다는 마무리하는 게 더 어렵잖
아요. 실력이 있어야만 마무리를 할 수 있는데, 최충수가 형의
실력을 아니까 약간 기대는 마음이었을지도 모르죠.

최원정 그런데 최충헌의 이번 마무리는 그 칼끝이 동생 최충수의 목을
향했네요.

이해영 그렇죠. 최충수는 그런 마무리가 될 줄은 몰랐겠죠.

미나모토노 요리토모 가마쿠라 막부의 설립자. 막부 창설에 공을 세운 두 동생 노리요리와 요시쓰네를 살해했다.

최태성　결국 최충헌이 최충수를 제압하면서 진정한 일인자로 등극했잖
　　　　아요. 이후에 이부와 병부의 판사를 겸임하고 수많은 관직을 받
　　　　습니다. 이때 『동국통감』[3]의 기록에 의하면 이런 말이 나와요.
　　　　"임금 보기를 마치 흙으로 만든 인형처럼 여겼다." 그러니까 왕

보다 훨씬 우위에 있는 모습들을 보여 주는 거죠. 그리고 최충헌은 교정도감을 만들어 정치를 좌지우지할 수 있는 시스템을 구축해 놓고, 아들 최우를 통해 문신들을 등용해서 브레인들을 영입한 다음에 4대 62년간에 걸친 장기 집권의 틀을 완성해 놓습니다.

신병주 최충헌은 최충수가 딸을 태자비로 삼는 걸 반대했지만, 결과적으로는 자기도 나중에 고려 제22대 왕 강종의 서녀와 혼인해요. 고려 시대의 무신 집권자들을 보면 왕실과 혼인 관계를 맺으려고 하는 건 정말 본능인 것 같아요. 확실하게 보험을 들어 놓는다는 생각이겠죠. 그리고 거기에 덧붙여 또 다른 아내인 임씨를 수성택주로 삼습니다. 고려 시대에 택주라는 작위는 왕녀에게만 내릴 수 있는데, 왕실과는 큰 관계가 없는 임씨에게 그런 작위를 주었다는 것은 결국은 최충헌 역시 입지를 굳히면서 자기가 비판했던 다른 최고 권력자들과 같은 길을 가는 면모를 보여 주었음을 뜻하죠.

류근 뭔가에 중독되면 몸을 떨잖아요. 근데 권력에 중독되면 영혼에 경련이 일어나는 모양이에요. 균형 감각을 상실해요. 아무도 못 말립니다. 최충헌도 똑같은 길을 가고 있네요.

그날의 소회

최원정 역시 절대 권력은 부패할 수밖에 없는 양상을 보여 주네요. 앞서 최씨 무신 정권의 시작을 알린 비둘기에 관해 다루면서 전서구 이야기도 했잖아요. 시간을 넘나드는 전서구가 있다면, 그래서 최충헌이 정권을 잡던 그 시대의 사람들과 오늘날의 우리가 메시지를 주고받을 수 있다면 서로 어떤 이야기들이 오갔을지 궁금해지는데요. 소회를 겸해 들어 볼까요?

최태성 이의민이 천민에서 시작해 최고 권력의 자리까지 올라가잖아요. 이의민은 우리에게 이렇게 메시지를 보냈을 것 같아요. "인생은 버티는 거야. 희망의 끈을 놓치지 말라고 학생들에게 전하게." 그리고 저는 이의민에게 "수단과 방법을 가리지 않는 희망은 욕망일세. 우리 아이들에게는 안 어울리네."라고 보내겠습니다.

신병주 최충헌은 어떤 면에서는 행운아였어요. 최고의 권력의 자리에서 장수하면서 생을 마감했죠. 저는 최충헌 앞으로 "하지만 역사는 그대를 반역자로 기억하고 있소."라는 메시지를 보내겠습니다. 『고려사』의 반역 열전에 자기가 들어가 있다는 걸 최충헌 본인은 모를 테니 제가 환기해 주고 싶습니다. 그래야 후세의 평가를 확실하게 알 수 있죠.

1 거란 재침공: 강감찬, 왕에게 피난을 주장하다

1 『구약성경(舊約聖經)』: 기독교의 경전. 예수가 나기 전의 이스라엘 민족의 역사와 신의 계시 등을 기록한 것으로, 『창세기』에서 『말라기』까지. 일반적으로 39권으로 보고 있으나, 번역본마다 권수가 조금씩 다르다.

2 노아: 『구약성경』 『창세기』에 나오는 대홍수 이야기의 주인공. 의로운 사람이기 때문에 신의 은총을 입어 대홍수 때도 방주를 이용해 가족과 함께 살아남을 수 있었다.

3 『오자(吳子)』: 중국 전국시대의 오기가 지은 병법서(兵法書). 무경칠서의 하나로 『손자』와 아울러 손꼽히는 병서이며, 유교(儒敎)를 곁들인 병법서로서 예로부터 널리 읽었다. 1권.

4 신채호(1880~1936): 사학자이자 독립운동가, 언론인. 호는 단재(丹齋), 단생(丹生), 일편단생(一片丹生). 성균관 박사를 거쳐, 《황성신문》과 《대한매일신보》 등에 강직한 논설을 실어 독립 정신을 북돋우고, 국권 강탈 후에는 중국에 망명해 독립운동과 국사 연구에 힘쓰다가 일본 경찰에 체포되어 옥사했다. 저서로 『조선 상고사』와 『조선사 연구초(朝鮮史研究草)』 등이 있다.

5 『조선 상고사(朝鮮上古史)』: 신채호가 지은 사서(史書). 1931년에 《조선일보》에 연재했던 내용을 11편으로 나누어 엮었다. 1948년에 간행되었다.

2 윤관, 여진 정벌의 칼을 갈다

1 악비(1103~1141): 중국 남송(南宋)의 무장. 자는 붕거(鵬擧). 금나라에 대해 주전론(主戰論)를 펴다 재상 진회의 참소로 옥사했다.

2 『송사(宋史)』: 중국 이십오사의 하나. 원대에 탁극탁이 황제의 명에 따라 오대의 주에서부터 317년간의 사실(史實)을 기전체로 기록한 역사책으로, 본기(本紀)와 지(志), 표(表), 열전(列傳)으로 이루어졌다. 지정(至正) 5년(1345)에 간행되었다. 496권.

3 승도(僧徒): 정식 승려는 아니지만, 사원에 예속되어 토지를 경작하거나 잡역에 종사하며 불도를 닦던 수행자를 가리킨다.

4 조광조(1482~1519): 조선 중종 때의 문신이자 성리학자. 자는 효직(孝直). 호는 정암(靜菴). 시호는 문정(文正). 부제학과 대사헌을 지냈다. 김종직의 학통을 이은 사림파의 영수로서, 급진적인 개혁을 추진하다가 훈구파 남곤 일파가 일으킨 기묘사화로 죽임을 당했다. 저서로 『정암집』이 있다.

5 천리장성(千里長城): 고려 시대인 1033년(덕종 2) 8월에 유소에게 명해 북쪽 변계에 축조한 장성. 1044년(정종10)에 완성했다. 지금의 의주(義州) 지역인 위원(威遠)과 흥화(興化)에서 함경남도 영흥(永興) 지역인 요덕(耀德)과 정변(靜邊), 화주(和州) 등의 3성에 연결되어 동쪽으로 바다에 이어진다.

3 이자겸, 외손자에게 기습을 당하다

1 『종의 기원(On the Origin of Species)』: 영국의 생물학자인 다윈이 생물의 진화를 밝힌 책. 자연선택을 진화의 주요 원인으로 보았으며, 생물학 발전에 지대한 영향을 끼쳤다. 1859년에 간행했다.

2 『신증동국여지승람(新增東國輿地勝覽)』: 조

선 중종 25년(1530)에 이행 등이 왕명에 따라 『동국여지승람』을 증보하고 개정한 인문 지리서. 55권 25책의 인본(印本).

---

4 김부식, 묘청의 난 토벌대장이 되다

1 『삼국사기(三國史記)』: 고려 인종 23년(1145)에 김부식이 왕명에 따라 펴낸 역사책. 신라, 고구려, 백제 세 나라의 역사를 기전체로 적었다. 본기(本紀)와 연표(年表), 지류(志類), 열전(列傳)으로 되어 있으며, 『삼국유사』와 더불어 우리나라에서 현존하는 가장 오래된 역사책이다. 50권 10책.

---

2 『고려도경(高麗圖經)』: 고려 시대에 송나라 사신 서긍이 고려에 와서 보고 들은 것을 기록한 책. 인종 1년(1123)에 간행되었다. 40권.

---

3 오행상생(五行相生): 오행이 서로 가까이해 생성해서 주는 이치. 금생수(金生水), 수생목(水生木), 목생화(木生火), 화생토(火生土), 토생금(土生金)의 이치다.

---

5 문신의 씨를 말려라: 무신 정변 3일

1 고신(告身): 조정에서 내리는 벼슬아치의 임명장. 직첩이라고도 한다.

---

6 무신, 그들만의 리그: 칼로 흥한 자, 칼로 망하다

1 음서(蔭敍): 고려 시대와 조선 시대에 공신이나 전직 및 현직 고관의 자제를 과거에 의하지 않고 관리로 채용하던 일. 문음(門蔭)이라고도 한다.

---

7 빼앗긴 비둘기, 최충헌 정권의 시작을 알리다

1 경군(京軍): 고려 시대에 수도 지역에서 근무한 군사. 응양군과 용호군으로 구성된 2군 및 좌우위와 신호위, 흥위위, 금오위, 천우위, 감문위로 구성된 6위로 이루어져 있었다.

---

2 GPS(Global Positioning System): 인공위성을 이용해 자기 위치를 정확히 알아낼 수 있는 시스템. 개인의 위치 확인과 비행기, 선박, 자동차의 항법 장치, 측량, 지도 제작 등에 쓰인다.

---

3 『동국통감(東國通鑑)』: 조선 성종 15년(1484)에 왕명에 따라 서거정과 정효항 등이 편찬한 역사책. 중국 사마광의 『자치통감』을 참고했으며, 신라 시조 박혁거세에서 고구려와 백제를 거쳐 고려 공양왕에 이르기까지 1400년 동안의 사실을 기록했다. 단군과 기자, 위만의 고삼선(古三鮮) 및 한사군, 이부(二府), 삼한 등에 관한 내용을 외기(外記)로 해서 책머리에 수록했다. 56권 28책.

류근 시인. 중앙대학교 문예창작학과 및 같은 학교 대학원 문예창작학과를 졸업했고, 1992년에 《문화일보》 신춘문예로 등단했다. 저서로 『상처적 체질』과 『사랑이 다시 내게 말을 거네』, 『싸나희 순정』, 『어떻게든 이별』, 『함부로 사랑에 속아주는 버릇』이 있다.

박금수 사단법인 전통무예십팔기보존회 사무국장 및 서울대학교 체육교육과 강사, 충북국제무예액션영화제 운영위원. 서울대학교 전기공학부 및 같은 학교 대학원 체육교육과를 졸업했다. 「조선 후기 무예와 진법의 훈련에 관한 연구」로 박사 학위를 받았으며, 주요 논문에 「조선 후기 공식무예의 명칭 십팔기에 관한 연구」 등이 있고, 저서로 『조선의 武와 전쟁』이 있다.

이광용 KBS 아나운서. 연세대학교 사회학과를 졸업했다. 「스포츠 하이라이트」와 「걸어서 세계속으로」, 「이광용의 옐로우카드」, 「토론쇼 시민의회」 등을 진행했으며, 2018 러시아 월드컵 메인 캐스터로 활약했다.

이윤석 개그맨. 연세대학교 국문학과를 졸업하고, 중앙대학교 신문방송학과에서 박사 학위를 취득했다. 경기대학교 엔터테인먼트경영대학원 겸임 교수를 거쳐 현재 서울예술전문학교 학부장을 맡고 있다. 1993년 MBC 개그 콘테스트에서 금상을 받으며 개그계에 입문한 뒤 그해 MBC 「웃으면 복이 와요」에서 개그맨 서경석과 콤비를 이룬 코너로 전 국민의 사랑을 받았다. 이후 MBC 간판 예능 프로그램인 「일요일 일요일 밤에」, KBS 「쾌적 한국 미수다」 등에 출연하였다. 1995년 MBC 방송연예대상 신인상, 2004년 MBC 방송연예대상 쇼 버라이어티 부문 우수상, 2005년 MBC 방송연예대상 코미디 시트콤 부문 최우수상을 받았다.

이해영 영화감독 및 시나리오 작가. 서울예술대학교 광고창작학과를 졸업했다. 「풍행제로」와 「아라한 장풍 대작전」 등의 각본을 썼으며, 연출한 작품으로는 「천하장사 마돈나」와 「페스티발」, 「경성학교: 사라진 소녀들」, 「독전」 등이 있다.

장지연 대전대학교 역사문화학과 교수. 서울대학교 국사학과 및 동 대학원을 졸업했다. 저서에 『경복궁, 시대를 세우다』와 『고려 조선 국도풍수론과 정치이념』이 있고, 논문에 「태조대 경복궁 전각면에 담긴 의미와 사상적 지향」과 「조선 초 중앙 사직단 단제의 형성과 그 성격」 등이 있다.

역사저널
그날

고려 편 2권
강감찬에서 최충헌까지

1판 1쇄 찍음 2019년 6월 17일
1판 1쇄 펴냄 2019년 6월 24일
지은이   KBS 역사저널 그날 제작팀
발행인   박근섭, 박상준
책임편집   이황재
펴낸곳   (주)민음사
출판등록   1966. 5. 19. (제16−490호)
주소   서울특별시 강남구 도산대로1길 62
             강남출판문화센터 5층 (우편번호 06027)
대표전화   02−515−2000 │ 팩시밀리 02−515−2007
홈페이지   www.minumsa.com

ISBN 978−89−374−1711−5 (04910)
     978−89−374−1700−9 (세트)